Marion Keil

Klassenfahrten kompakt

Sicher planen – spannend gestalten

Grundschule

Persen
Persen Verlag

Gedruckt auf umweltbewusst gefertigtem, chlorfrei gebleichtem
und alterungsbeständigem Papier.

1. Auflage 2007

3. Auflage 2013

Grafik: Julia Flasche
Satz: MouseDesign Medien AG, Zeven

ISBN 978-3-8344-**3512**-5

www.persen.de

Inhaltsverzeichnis

Vorwort

Sehr lange habe ich an einer kleinen Schule gearbeitet und wir vier Kolleginnen hatten den Anspruch, dass die Kinder des kleinen Schulortes viel gemeinsam erleben. Deshalb planten wir gemeinsam unsere „Schulfahrten“. Da wir gerne eine Anknüpfung an das Unterrichtsgeschehen wollten, planten wir die Fahrten thematisch. Diese Planungsphase war für alle sehr fruchtbar und es entstanden viele Aufzeichnungen unserer Schulfahrten. In meiner weiteren Schularbeit haben mir diese zeitaufwendigen Vorbereitungen meine Konzentration auf das Unterrichten erleichtert, da ich immer wieder auf unsere Ideen und Spiele zurückgreifen konnte. Im Laufe der Zeit habe ich an meiner nun größeren Schule diese Ideen auf meine Klasse und die Klassenfahrten zugeschnitten und es sind immer wieder neue Ideen der Eltern und Kinder hinzugekommen, sodass dieses Buch eine Zusammenfassung meiner Erfahrungen mit Schulfahrten und Klassenfahrten in der Grundschule ist. Oftmals haben die Fahrten durch die Kinder und deren Ideen bei der teilweise gemeinsamen Planung noch Veränderungen erfahren, daher ist dieses Buch als Anregung zu verstehen. Damit dieses Buch auch für Kollegen und Kolleginnen, die keine thematischen Fahrten, sondern Ausflugsziele oder vorgefertigte pädagogische Programme mit einplanen, von Interesse ist, habe ich allgemeine Tipps und Tricks aus meiner langjährigen Erfahrung mit einbezogen. Viele Spiele und Aktionen der Fahrten können auch als Ergänzungsprogramm oder Schlechtwetter-Alternative genutzt werden.

Ganz herzlich bedanken möchte ich mich bei meinen Kolleginnen Antoinette Henrich, Claudia Moser und Sieglinde von der Lippe für die vielen gemeinsamen Planungsstunden, die Anstoß zur Erstellung dieses „Fahrtenbuches“ waren sowie meinem Lebensgefährten, Wolfgang Ruhland, der mich immer wieder motiviert hat, meine Ideen aufzuschreiben.

Marion Keil

Das „Drumherum“ einer Klassenfahrt: Kostenvoranschläge, Elternabend & Co.

Die gesetzliche Grundlage: Die wichtigsten Bestimmungen auf einen Blick

- Schulfahrten sind wichtige Elemente des Bildungs- und Erziehungsauftrags der Schulen; die Teilnahme an Schulfahrten gehört zu den dienstlichen Aufgaben von Lehrern.
- Konzeption und Gestaltung von Schulfahrten werden im Schulprogramm verankert; Art und Umfang der Veranstaltungen müssen aus dem Bildungs- und Erziehungsauftrag der Schule abgeleitet werden. Das bedeutet, dass mit der Klassenfahrt pädagogisch sinnvolle Ziele (wie Stärkung der Klassengemeinschaft, Naturbegegnung, thematische Weiterarbeit an Lerninhalten) verfolgt werden sollen. Alle Aktivitäten müssen Bezug zum Unterricht nehmen. Eine reine „Spaßfahrt“, bei der die Kinder sich selbst überlassen werden, ist also nicht vorgesehen.
  Außerdem sollte die Klassenfahrt altersgemäß und mit vertretbarem finanziellen Aufwand gestaltet werden.
- Die Schulkonferenz entscheidet nach Anhörung von Schulelternbeirat und Gesamtkonferenz über die schulinternen Grundsätze für mehrtägige Schulfahrten. Die vorgesehene Fahrt muss von der Schulleitung genehmigt werden. Zur Genehmigung muss ein Veranstaltungsplan mit den pädagogischen Zielsetzungen und den unterrichtlichen Vorbereitungen sowie ein Finanzierungsplan vorgelegt werden. Veranstaltungen ohne unterrichtlichen Bezug können nicht genehmigt werden. Eine Vorformulierung für einen Antrag finden Sie im Anhang (S. 70, 71/ ◎).
  Der Genehmigungsantrag sollte mindestens vier Wochen vor Fahrtbeginn bei der Schulleitung eingereicht werden.
- Die Dauer der Schulfahrt kann in der Grundschule bis zu fünf Tagen im Inland betragen.
- Die Gesamtkosten (inkl. Fahrt, Unterkunft, Verpflegung und Eintrittsgelder etc.) sollten bei Inlandsfahrten 150 €, bei langfristiger Ansparung 300 € nicht übersteigen. Die Gesamtkosten sollten sich aber vorrangig an den finanziellen Möglichkeiten der Eltern orientieren.
- Lehrkräfte sollen alle Möglichkeiten für kostenlose Unterbringung und Verpflegung in Anspruch nehmen: Bei einer bestimmten Gruppengröße werden z. B. in Jugendherbergen des DJH-Landesverbandes zwei Begleitpersonen kostenfrei untergebracht; auch manche Schullandheime haben günstige Konditionen für die Gruppenleiter (siehe dazu auch S. 6).
- Aufgrund der finanziellen Belastung soll nur eine mehrtägige Schulfahrt pro Schuljahr und Kalenderjahr durchgeführt werden. Kein Kind darf aus finanziellen Gründen von der Klassenfahrt ausgeschlossen werden. Finanzschwache Eltern können bei der Agentur für Arbeit einen Zuschuss für die Klassenfahrt beantragen. Entsprechende Anträge sind dort erhältlich. Eine weitere Möglichkeit besteht in der Verfassung eines „Bettelbriefes“, um Institutionen der Umgebung um eine finanzielle Unterstützung zu bitten (weitere Informationen dazu s. S. 7 f.).
- Eine Schulfahrt kann nur durchgeführt werden, wenn sie zwischen Lehrkräften, Eltern und Schülern abgestimmt wurde. Die Eltern müssen, nachdem sie über die pädagogischen Zielsetzungen informiert wurden, darüber geheim abstimmen (Mehrheitsbeschluss), ob sie mit der Planung einverstanden sind (s. S. 8).
- Folgende schriftliche Erklärungen muss der Lehrer von den Eltern einholen: Versicherung, dass das Kind an keiner ansteckenden Krankheit leidet, Information über organische Leiden, die die Leistungsfähigkeit einschränken, Schwimmerlaubnis, Erlaubnis, sich in einer kleinen Gruppe für eine bestimmte Zeit ohne Aufsichtsperson zu bewegen (Stadtbummel, Besichtigung ...), Genehmigung zum Abschluss der erforderlichen Verträge mit den Beförderungs- und Beherbergungsunternehmen, evtl. Reiserücktrittsversicherung.
  Entsprechende Vordrucke dazu finden Sie im Anhang (S. 73 ff./ ◎).

- Kinder, die aus gesundheitlichen oder anderen wichtigen Gründen an der Schulfahrt nicht teilnehmen können, nehmen in dieser Zeit am Unterricht einer anderen Klasse teil.
- Die Eltern müssen darüber informiert werden, dass, im Falle groben Fehlverhaltens ihres Kindes, es von der weiteren Schulfahrt ausgeschlossen werden kann und auf Kosten der Eltern zurückgeschickt wird bzw. von den Eltern abgeholt werden muss.

  Entsprechende Regeln und Vereinbarungen sollten dazu am Elternabend getroffen und auch von allen Eltern unterschrieben werden (siehe S. 8 und Anlage S. 74/◎).

Die Planungsphase: Von der Zielfestlegung bis zur Gepäckliste

Der Klassenlehrer als Organisator der Fahrt trägt die Verantwortung und muss an viele Dinge zur Vorbereitung, Durchführung und Nachbereitung denken. Zu den Aufgaben der Vorbereitung gehört u. a. die Auswahl bzw. die Vorauswahl eines geeigneten Ziels der Klassenfahrt oder der thematischen Ausrichtung der Fahrt. Am Elternabend fällt dann die endgültige Zielentscheidung. Anschließend muss sich der Klassenlehrer um Buchung von Unterkunft und Transportunternehmen sowie möglicher Ausflugsziele kümmern und das Programm koordinieren. Wichtig ist, vor dem Abschluss von Verträgen die Einverständniserklärungen der Eltern dazu einzuholen (siehe Anlage S. 72/◎).
Viele Unterkünfte haben Besonderheiten (Bettwäsche, Gruppenraumbelegung, Grillplatz ...), die im Vorfeld in Erfahrung gebracht werden müssen. Einen Vordruck dazu finden Sie auf S. 78/◎. Ist alles gebucht, das Programm geplant und sind die Klassenfahrtsregeln mit den Kindern besprochen, kann es – endlich – losgehen!
Im Folgenden finden Sie konkrete Hinweise zu den einzelnen Planungsschritten. Eine Checkliste für die Organisation der Klassenfahrt zur Vorbereitung finden Sie auf S. 89.

Terminabsprache

Um Terminkollisionen mit Fortbildungen, anderen Ausflügen etc. zu vermeiden, sollte der Termin für die Klassenfahrt rechtzeitig mit der Schulleitung sowie den anderen Kollegen abgesprochen werden. In manchen Schulen gibt es für Klassenfahrten sogenannte „Wanderwochen“, in denen die Klassenfahrt erwünscht ist, um Vertretung zu erleichtern. Bewährt hat sich zur Absprache ein Kalender im Lehrerzimmer, in den alle klassen- und schulinternen Termine eingetragen und koordiniert werden können.

Dauer der Klassenfahrt

Die Dauer einer Klassenfahrt soll in der Grundschule 5 Tage im Inland nicht übersteigen. Eine mögliche Faustregel könnte sein: 1. Schuljahr eine Übernachtung, 2. Schuljahr zwei Übernachtungen, 3. Schuljahr drei Übernachtungen, 4. Schuljahr vier Übernachtungen.

Zielort der Klassenfahrt

Die Auswahl des Klassenfahrtziels kann nach bestimmten Aspekten erfolgen, bei denen die Themenwünsche und -vorschläge sowie die Interessen der Klasse nach Kultur und Sport berücksichtigt werden sollten. Hilfreich ist hier auch, sich Informationsmaterial bspw. zu Unterkünften vom Deutschen Jugendherbergsverband oder Stadt- und Regionsinformationen aus der Umgebung schicken zu lassen. Maßgeblich für die Entscheidung sind jedoch folgende Faktoren:

Kosten

- Hin- und Rückfahrt: Je nach Entfernung und Lage des Ziels ist es möglich, mit Reisebus, Linienbus, Bahn oder Fahrrad das Ziel zu erreichen. Eine Übersicht der Vor- und Nachteile der verschiedenen Transportmittel finden Sie im Anhang (S. 88).

  Bedacht werden muss auch, ob bestimmte Programmpunkte mit z. B. dem Bus angefahren werden müssen.
- Unterkunft
- Verpflegung
- Nebenkosten (Eintrittsgelder etc.)
- Möglichkeit der kostenlosen Unterbringung, des kostenlosen Eintritts für Lehrkräfte und

Begleitpersonen

Die Kosten für eine Klassenfahrt sollten pro Kind 150 € nicht übersteigen.

Entfernung/Lage

- Abholung durch Eltern bei Heimweh oder Krankheit
- Möglichkeiten in der direkten Umgebung der Herberge (Spielplatz, Bolzplatz, Wald, Wiese etc.)
- Ruhige Lage: keine Verkehrsstraße, Lärmquellen etc. in der Nähe

Möglichkeiten der Programmgestaltung

- Besichtigungs- und Ausflugsmöglichkeiten in der Nähe (wie Schloss, Burg, Museum, Wanderhütte, See, Teich, Bach, Tierpark, Schwimmbad, Aussichtsturm, Märchentheater, Stadt, Bootsfahrt etc.)
- Angebot pädagogischer Programme (Führungen, organisierte Feste, Kletterpark etc.): Der Jugendherbergsverband (z. B. Klassenfahrten zum Thema Mittelalter oder zu jahreszeitlichen Themen), kirchliche Organisationen (wie CVJM), Kreis- oder Stadtjugendpflege bieten dazu Programme an.
- Ausreichend Spielmöglichkeiten für drinnen und draußen (Tischtennis, Spielplatz, Turnhalle, Schwimmbad, Disco etc.)
- Bei thematisch geplanten Klassenfahrten: Passende Atmosphäre/Ausstattung der Unterkunft zum Thema (bspw. Burg-Unterkunft zum Thema Ritter, Lagerfeuermöglichkeit zum Thema Indianer, Waldnähe zum Thema Natur etc.)

Größe

- Ausreichende Anzahl an Betten
- Ausreichende Anzahl an Gruppenräumen, falls mehrere Klassen/Schulen gleichzeitig in der Herberge sind

Oft werden Ziele ausgewählt, die von Kollegen empfohlen wurden oder an denen man selbst schon positive Erfahrungen gesammelt hat. Bei einem Schulwechsel lohnt es sich daher immer, mit Kollegen Erfahrungen auszutauschen.

Betreuung während der Klassenfahrt

Übersteigt die Klassengröße 20 Kinder, muss eine zweite Betreuungsperson mitgenommen werden. Dies kann ein Kollege, ein Referendar, ein Praktikant oder ein Elternteil sein. Wer als Begleitperson mitgenommen wird, sollte so früh wie möglich feststehen.

Bei der Planung der Fahrt kann diese Person bereits mit einbezogen werden.

Möglichkeiten Kosten einzusparen

- Keine fertig zusammengestellte Klassenfahrt buchen, sondern selbst bei den Anbietern /Institutionen die Fahrt-, Unterkunfts- und Eintrittspreise erfragen und dort auch einzeln buchen; Pakete sind in der Regel immer teurer.
- Immer nach Gruppenrabatten und freiem Eintritt für die Aufsichtspersonen fragen; manchmal lohnt es sich auch, die Preise zu verhandeln.
- Jugendherbergen und Unterkünfte mit freier Kost und Logie für Lehrkräfte bevorzugen
- Kostenvoranschläge für An- und Abreise sowie Unterkunft bei verschiedenen Anbietern einholen und vergleichen (s. S. 78 f./ ◎), evtl. Preise verhandeln
- „Kostenfreie“ Spiel- und Aktionsmöglichkeiten in der Umgebung nutzen (Wald, Park etc.)
- Bastel- und Verbrauchsmaterial für die Fahrt von den Kindern mitbringen lassen bzw. über die Eltern an kostengünstige Möglichkeiten kommen (Werbepapier, Werbeartikel etc.)
- Bei örtlichen Geschäften nach Werbeartikeln wie Luftballons, Spielgeld, günstige Preise etc. fragen
- Für kurze Wege zu bestimmten Zielen „Wanderungen“ einplanen, um Transferkosten vor Ort zu sparen
- Zur finanziellen Unterstützung Bettelbriefe an Institutionen schicken (siehe Anhang S. 82/ ◎)

Finanzielle Unterstützung sozial schwacher Familien

Wie schon erwähnt, darf kein Kind aus finanziellen Gründen von einer Klassenfahrt ausgeschlossen werden. Fällt es Eltern schwer, die Kosten für die Fahrt aufzubringen, gibt es folgende Möglichkeiten, auf die Sie gezielt verweisen können:

- *Förderung durch die Schulämter*
  In vielen Städten bestehen Fördermöglichkeiten für Klassenfahrten über das örtliche Schulamt. Nähere Informationen und die Anträge hierzu sind über die Schule oder direkt über das Schulamt zu beziehen.
- *Förderung durch die Arbeitsagentur für Arbeit*
  Für Klassenfahrten steht den Eltern, die eine Grundsicherung für Arbeitssuchende (Arbeitslosengeld II) beziehen, eine Förderung durch die Agentur für Arbeit zu.
  § 23 Absatz 3 Nummer 3 Zweites Buch Sozialgesetzbuch (SGB II) sieht die Übernahme der Kosten für mehrtägige Klassenfahrten als Beihilfe vor. Die Antragswege und die Höhe der Förderung sind regional unterschiedlich. Der jeweilige Sachbearbeiter der Arbeitsagentur ist vor der Reservierung der Klassenfahrt zu informieren. Die Zuschussgewährung erfolgt dann in der Regel unproblematisch und in der vollständigen Höhe.
- *Förderverein der Schule*
  In vielen Schulen gibt es Fördervereine. Diese unterstützen sowohl schulische Belange wie auch evtl. Kinder, deren Eltern finanziell Probleme bei der Bezahlung einer Schulfahrt haben.
- *Bettelbriefe*
  Eine weitere Möglichkeit besteht in der Verfassung eines „Bettelbriefes“, um Institutionen der Umgebung um eine finanzielle Unterstützung zu bitten (s. S. 82/ ◎).

Der Elternabend

Zur Besprechung der Klassenfahrt mit den Eltern wird zu einem Elternabend eingeladen. Einen Vordruck für die Einladug finden Sie im Anhang (S. 72/ ◎).

Am Elternabend erhalten die Eltern Informationen zu Dauer, Kosten, Verpflegung und Programm der Fahrt. Am Ende des Abends geben die Eltern mittels einer Abstimmung ihre Einverständniserklärung zur Fahrt ab. Der Klassenlehrer hat die Möglichkeit, entweder verschiedene Alternativen (Ziel/Programm) vorzustellen oder er präsentiert den Eltern nur ein Ziel/Programm. Die Entscheidung kann je nach Elternschaft und Kinderinteressen unterschiedlich ausfallen.

- *Abstimmung*
  Die Abstimmung über eine Klassenfahrt soll in geheimer Wahl mit Mehrheitsbeschluss erfolgen.
- *Erklärungen und Versicherung*
  Die Eltern sollten auf die nötigen Einverständniserklärungen (siehe Anlagen S. 72 ff./ ◎) hingewiesen und über eine Reiserücktrittsversicherung sowie über die Möglichkeit der Inanspruchnahme einer finanziellen Unterstützung bspw. durch Antrag bei der Agentur für Arbeit informiert werden (s. o.). Außerdem sollten die Eltern über die Konsequenzen möglicher Regelverstöße ihrer Kinder (z. B. Verstoß gegen die Hausordnung der Jugendherberge, unerlaubtes Entfernen von der Gruppe, mutwilliges Zerstören von Sachen, Aggressivität gegen andere, Rauchen, Klauen etc.) und über ihre Pflicht, ihre Kinder bei solchem Verhalten abzuholen, unterrichtet werden. Die Kenntnisnahme der Konsequenzen und die Zustimmung dazu, sollten die Eltern durch eine Unterschrift bestätigen (s. S. 74/ ◎). Entsprechende Regeln werden ebenso mit den Kindern vor Fahrtbeginn geklärt (s. u.).
- *Heimweh*
  Mit den Eltern sollte besprochen werden, dass Anrufe der Kinder nach Hause oder Anrufe der Eltern in die Jugendherberge zu Heimweh führen können. Im schlimmsten Fall gibt es ganze „Heimwehwellen“. Die Mitteilung einer zu erreichenden Telefonnummer für den Notfall von dem Klassenlehrer bzw. der Jugendherberge sowie einer Notfallnummer der Eltern sollte zusammen mit der Versicherung, dass die Eltern bei Problemen ihres Kindes sofort benachrichtigt werden, ausreichen.
- *Taschengeld*
  Es sollte mit den Eltern zusammen die Höhe des Taschengeldes festgelegt werden. Die Lehrkraft sollte darauf hinweisen, dass sich alle an den festgelegten Betrag halten sollen, um Neid unter den Kindern nicht aufkommen zu lassen.
- *Gepäckliste*
  Den Eltern sollte eine Gepäckliste an die Hand gegeben werden, damit nichts vergessen wird (s. Anlage S. 76/ ◎). Die Erfahrung hat gezeigt, dass es besser ist, wenn elektronische Geräte und den Kindern wichtige Sachen zu Hause

bleiben, da es bei Verlust oder Schäden oft zu Streit und Zank kommt. Eltern und Lehrer sollten mit den Kindern darüber sprechen, dass die Verantwortung mitgenommener Dinge bei ihnen selbst liegt. Geldbörsen und evtl. mitgenommene Taschenmesser kann der Lehrer verwalten und bei Bedarf ausgeben. So kommt es seltener zu Verlusten und Verletzungen.

Regelvorschläge während der Klassenfahrt

Die Regeln werden am Elternabend vorgestellt (s. o.), vor Fahrtbeginn mit den Kindern besprochen und auf einem großen Plakat notiert. Dieses Plakat sollte auch mit auf die Klassenfahrt genommen und im Gruppenraum aufgehängt werden. Die Kinder unterzeichnen als Zeichen, dass sie die Regeln akzeptieren und sich daran halten werden, einen „Vertrag" (Vordruck s. S. 85/ ◎).

Mögliche Regeln für die Klassenfahrt

- *bei Ausflügen*
  Wir gehen nur auf Fußgängerwegen!
  Alle gehen zusammen und warten aufeinander, keiner entfernt sich unerlaubt von der Gruppe!
- *in der Jugendherberge*
  Wir beachten die Hausregeln!
  Wir sind höflich und freundlich zu anderen im Haus wohnenden Gruppen!
  Wir halten uns an die Nachtruhe und bleiben dann in unserem Zimmer!
  Wenn wir in der freien Zeit auf dem Jugendherbergsgelände spielen wollen, fragen wir um Erlaubnis und sagen Bescheid, wo wir sind!
- *im Zimmer*
  Wer müde ist und schlafen will, soll schlafen können!
  Wir achten auf unsere Sachen!
  Wir räumen auf!
  Wir gehen sorgsam mit dem Mobiliar um!
- *für die Stimmung*
  Wir sorgen für eine gute Atmosphäre!
  Wir probieren alle angebotenen Sachen aus!
- *beim Essen*
  Wir essen so, dass es allen am Tisch schmeckt!
  Wir teilen Essen für alle auf!
  Wir helfen beim Tisch decken, säubern und abräumen!

Wie reagiert man, wenn Kinder Regeln brechen?

- Schubsen, Drängeln, Vorrennen auf dem Weg => Schüler geht ab sofort neben einer Aufsichtsperson bzw. ganz am Ende der Gruppe
- Ärgern anderer Gruppen in der Jugendherberge => Gespräch der betroffenen Schüler und Klassenlehrer mit der anderen Gruppe; Vereinbarung von Konsequenzen (Entschuldigung, Wiedergutmachung durch soziale Aktion wie Tische wischen …)
- Nachts lärmen und auf den Fluren rennen => „Lehrerwache" auf dem Flur, im Extremfall am Bett des Kindes, bis es eingeschlafen ist bzw. sich ruhig verhält
- Sich unabgemeldet von der Gruppe entfernen => Schüler muss ab sofort immer in Sichtweite der Lehrer bleiben; bei Wiederholung oder weitem Entfernen: Abholung durch die Eltern
- Andere beim Schlafen stören bzw. am Schlafen hindern => Sozialer Dienst wie bspw. Betten machen für das Zimmer
- Beschädigung von Mobiliar => Schüler muss den Schaden bezahlen; bei mutwilliger Zerstörung: Abholung durch Eltern
- Mit Essen panschen, spielen, bewusst zu viel nehmen => Schüler wird auf einen Extraplatz im Essensraum gesetzt und erhält bei der nächsten Mahlzeit eine Portion weniger oder keinen Nachtisch
- Aggressives Verhalten gegen andere oder gegen Gegenstände; Rauchen, Klauen => Abholung durch die Eltern

Jetzt geht's los: Worauf man während der Fahrt achten muss

Aufgrund der großen Nähe und intensiven Zeit mit den Kindern muss die Lehrkraft während der Fahrt aufpassen, dass sie ihre Rolle als Autoritätsperson nicht vernachlässigt. Zu jeder Tages- und wenn nötig auch Nachtzeit muss sie die Sicherheit der Kinder gewährleisten, auf das Einhalten der Regeln achten und immer die Zeit/das Programm im Blick haben.

Auch über die Nachbereitung sollte man sich schon vor Fahrtbeginn Gedanken machen. Um ein

Feedback der Kinder zu bekommen, eignet sich ein Fragebogen, der am letzten Tag der Klassenfahrt ausgefüllt wird (s. S. 86/ ◎). So können positive und negative Aspekte der Fahrt in Erfahrung gebracht werden. Das gesamte Organisationsmaterial sollte unbedingt mit eigenem Feedback und Kommentaren abgeheftet werden, um bei der Planung der nächsten Klassenfahrt Programmpunkte überarbeiten zu können. Checklisten (s. S. 90 f./ ◎) und ein „Programmplaner" (s. S. 83 f./ ◎) für die Organisation der Klassenfahrt sind im Anhang beigefügt.
Alle Klassenfahrten haben in ihrem Ablauf gleiche Elemente. Diese dienen sowohl Kindern als auch Lehrern zur Orientierung:

Klassenfahrtslied
Zum Beispiel:
„Im Frühtau zu Berge" (s. S. 43)
„Schön ist die Welt"
„Wenn die bunten Fahnen wehen"
„Wir wollten mal auf Großfahrt gehen"

Hinfahrt
Vor Fahrtbeginn sollte der Klassenlehrer alle wichtigen Dinge wie Impfpass, Krankenkassenkarte, Medikamente der Kinder, Taschenmesser und evtl. auch das Taschengeld einsammeln, um unnötige Frustration und Ärger bei Verlust zu vermeiden. Die Anreise erfolgt morgens, so dass das Mittagessen die erste Mahlzeit in der Jugendherberge ist. Je nach Entfernung und Mittagessenszeit sollte die Abfahrt so gelegt werden, dass die Kinder vor dem Mittagessen die Möglichkeit haben, ihr Gepäck in die Zimmer zu bringen und die Betten zu beziehen.

Zimmerbelegung
Es ist sinnvoll, die Zimmerverteilung mit dem von der Jugendherberge erfragten Raumplan schon vor der Abfahrt zu klären. Eine gemeinsame Besprechung ist anzuraten, damit Heimwehkinder mit vertrauten Freunden, ruhige Kinder und aufgeweckte Kinder unter sich im Zimmer sein können. Eine Trennung von Mädchen und Jungen ist anzuraten, um die Toleranz der Eltern nicht über Gebühr zu strapazieren, aber nicht zwingend. Außenseiter sollte der Lehrer geschickt integrieren, sodass alle mit der Zimmerbelegung zufrieden sind. So entfällt eine hitzige Diskussion am Anreisetag. Der Streit darum, wer in welchem Bett schläft, ist völlig ausreichend am ersten Tag.

Orientierung in der Jugendherberge
Damit sich die Kinder in der Jugendherberge zurechtfinden, sollte nach dem Mittagessen ein kleiner gemeinsamer Rundgang stattfinden. Ist die Herbergsleitung dabei, kann sie die Kinder auch gleich in die Hausordnung einweisen. Es ist sinnvoll, den Kindern zu zeigen, an welche Orte (z. B. Spielplatz, Bolzplatz, kleines Bächlein etc.) sie mit bzw. ohne Aufsicht oder mit Abmeldung bei der Aufsicht gehen dürfen. Bleibt man länger als einen Tag, kann man auch eine Erkundungsrallye mit den Kindern machen (s. S. 38 sowie Kopiervorlagen S. 44, 60). Manche Jugendherbergen bieten eine Rallye auch gegen ein geringes Entgelt an. Kinder mit Wahrnehmungs- und Orientierungsschwierigkeiten sollten mit anderen Kindern mitgehen, um eine Sicherheit in der neuen Umgebung zu gewinnen.

Orientierung in der Umgebung
Die Lehrkraft sollte das Gelände schon vor der Klassenfahrt angeschaut und Wanderwege und Grenzen zum Alleingang der Kinder ausfindig gemacht haben. Ein kleiner Rundgang mit Erklärung der markanten Grenzen sowie eine kleine halbstündige Wanderung um das Gelände herum sind wichtig zur Orientierung.

Freizeitgestaltung
(unabhängig vom geplanten Programm)
Es ist wichtig, darauf zu achten, dass sich die Kinder in der Freizeit nicht langweilen oder einsam fühlen, denn dann kommt es sehr schnell zu Heimweh oder Streitigkeiten zwischen den Kindern. Als sinnvoll hat sich eine Einteilung in Gruppen für die individuell frei zu nutzende Zeit außerhalb des gemeinsamen Programms erwiesen.

- *draußen:* Für die Kinder ist es wichtig, ein gewisses Maß an „Freizeit" zu haben. In diesen Zeiten haben sie die Möglichkeit, auf einen Spiel- oder Bolzplatz zu gehen oder mit mitgenommenen Freizeit- und Schulhofspielen wie Gummitwist, Stelzenlauf, Indiaca, Softball, Federball etc. auf dem Gelände der Jugendherberge zu spielen. Gummistiefel können bei einem nahe gelegenen Bachlauf auch nützlich sein zum Staudammbauen etc. Sind Spiel- und Bolzplatz nicht gut einzusehen, so muss jede Lehrkraft für sich überlegen, ob sie es verantworten möchte, dass die Kinder nach Abmeldung bei ihr dorthin alleine zum Spielen gehen.

- *drinnen:* Gerade für Kinder, die die Situation der Klassenfahrt als Lärmbelastung empfinden, bietet die Freizeit auch eine Rückzugsmöglichkeit. Jedoch sollte darauf geachtet werden, dass Kinder die Zeit wirklich zum Ausruhen und Entspannen nutzen und nicht zum Spielen mit Gameboy etc. Ein Verbot von elektrischen Spielen im Vorfeld ist dazu sinnvoll. Mitgenommene Gesellschaftsspiele können in den Räumen gespielt oder eigene Bücher gelesen werden. Bastel- und Malangebote runden das Programm ab.

Wanderung

Gemeinsame Wanderungen in der nahen Umgebung mit Lunchpaket fördern die Gemeinschaft und sorgen für genügend Bewegung und frische Luft für alle Kinder. So wird auch verhindert, dass „Einzelgänger" den Tag nur im Zimmer verbringen.

Gemeinsame Abendgestaltung

Das abendliche Programm sollte sich gleich nach dem Abendessen anschließen, da hier bei vielen Kindern sonst Heimweh ausbricht. Außerdem muss vor dem Schlafengehen eine Beruhigungsphase eingeplant werden. Als gute Startzeit für das Abendprogramm hat sich 19.30 Uhr erwiesen. Nach einer guten Stunde können die Kinder sich dann noch bis ca. 21 Uhr auf den Zimmern beschäftigen und auch andere Kinder in deren Zimmern besuchen. Ab 21 Uhr sollte mit Zähneputzen und Umziehen begonnen werden. Anschließend können die Kinder in ihren Betten noch Lesen. Es ist ratsam, um 21.30 Uhr das Licht in den Zimmern zu löschen. So wird meist von allen bis 22 Uhr die Nachtruhe erreicht. Am besten hält die Lehrkraft auf dem Flur bzw. im Extremfall auch auf den Zimmern Wache, damit sich alle Kinder beruhigen und es zu keinem Aufputschen durch Rennen im Flur etc. kommt.

Als gemeinsames Abendprogramm bieten sich folgende Aktivitäten an:

- *Kooperationsspiele bzw. thematische Spiele (s. S. 18 f., 28 f.)*
  Material: zu den jeweiligen Spielen
  Durchführung: Alle Kinder und Betreuer treffen sich im Versammlungsraum; die Betreuer leiten die Spiele.
- *Spieleabend*
  Material: mitgebrachte Gesellschaftsspiele
  Durchführung: Alle Kinder bringen ihre Gesellschaftsspiele mit in den Gruppenraum. Die Spiele werden vorgestellt und es können sich für jedes Spiel Gruppen zusammenfinden.
- *Nachtwanderung*
  Material: Taschenlampen
  Durchführung: Bei Einbruch der Dämmerung kann die Nachtwanderung beginnen. Damit es nicht zu gruselig wird, kann die gleiche Strecke wie beim Erkundungsspaziergang gewählt werden. Die Kinder können sich dann besser orientieren.
- *Gemeinsames Grillen*
  Material: Grillstelle, Grillgut, Grillkohle, Streichhölzer, Grill, Teller und Besteck
  Durchführung: Manche Jugendherbergen bieten an, dass an einem Abend die Klasse ihr Abendessen am Grillplatz der Herberge selbst grillt. Dies sollte im Vorfeld mit der Jugendherberge grob abgeklärt werden. Oft wird schon alles vorbereitet, sodass die Betreuer lediglich die Würstchen wenden müssen.
- *Lagerfeuer mit Liedersingen*
  Material: Holz aus dem Wald, Streichhölzer, Zeitung, Gitarre, Noten für Lagerfeuerlieder
  Durchführung: Die Kinder suchen im Wald Holz (alternativ: Mitbringen von Holz), das für den Abend auf dem Grillplatz aufgeschüttet wird. Nach dem Abendessen finden sich dann alle Kinder beim Lagerfeuer ein. Wenn ein Betreuer nun noch Gitarre spielen kann, steht einem urgemütlichen Liederabend um das Lagerfeuer nichts mehr im Wege.
- *Tagesbesprechung oder Präsentation der Arbeitsergebnisse des Tages*
  Material: ggf. Arbeitsergebnisse
  Durchführung: Die Schüler erzählen, was sie den Tag über erlebt haben. Wird die Klassen-

fahrt thematisch gestaltet, so können auch Vorführungen, Berichte o. Ä. am Abend stattfinden.

- *Kinderdisco*
  Material: CD-Player, Musik-CDs, Raum-Schmuck (Girlanden o. Ä.)
  Durchführung: Alle treffen sich im Gruppenraum und schmücken ihn. Zu den mitgebrachten CDs können die Schüler tanzen. Damit es bei der Liedauswahl keinen Streit gibt, kann ein Kind als DJ gewählt werden und eine Liste ausgegeben werden, in die jedes Kind sein Lieblingslied (vielleicht auch zwei) einträgt.
- *Letzter Abend*
  Der letzte Abend stellt meist ein Highlight der Klassenfahrt dar. Als möglichen Abschluss kann eine Disco, ein Grillfest, eine Ergebnispräsentation der Klassenfahrtaktivitäten, eine Modenschau, ein Rollenspiel ... zur Fahrt geplant werden. Hierzu haben sicher auch die Kinder Ideen.

Individuelles Abendprogramm

Ist kein gemeinsames Programm geplant, kann jeder Schüler aus einer Auswahl an Aktivitäten wählen.

- *Spielen im Zimmer*
  Material: mitgebrachte Gesellschaftsspiele
  Durchführung: Die Kinder können in ihren Zimmern gemeinsam spielen.
- *Malen, Basteln*
  Material: Zeichenblock, Malstifte, Mandalas oder Malvorlagen, Schere, Klebstoff
  Durchführung: Die Kinder können die Malvorlagen bunt gestalten oder individuelle Bilder malen. Auch Falten und kleine Klebarbeiten sind möglich.
- *Lesen*
  Material: mitgebrachte Bücher, Lexika
  Durchführung: Die Kinder können selbst lesen, sich von den Betreuern oder anderen Kindern vorlesen lassen.
- *Geschichten erzählen*
  Material: /
  Durchführung: Gerne erzählen sich Kinder gegenseitig Geschichten oder Märchen. Die Betreuer können als Anregung eine selbst erfundene Geschichte erzählen.
- *Evtl. Spielen mit Spielgeräten draußen*
  Material: Spielgeräte
  Durchführung: Falls es die Witterung und Helligkeit zulässt, kann auch eine Spielzeit draußen erfolgen. Hier sollte jedoch eine Aufsichtsperson zugegen sein.

„Aktion Wirbelwind“

Bei Fahrten, die länger als zwei Tage dauern, sollte die „Aktion Wirbelwind“ Bestand der Fahrt sein. In dieser Zeit räumen die Kinder ihre Zimmer auf und sortieren die im Zimmer verstreuten Sachen. Auch ein Durchkehren kann sinnvoll sein. Für das sauberste Zimmer des Tages wird eine „Medaille“ verliehen. Die Lehrkraft entscheidet, wer diese erhält.

Heimfahrt

Es bietet sich an, die Rückfahrt zur Schule auf den Vormittag nach dem Frühstück zu legen. So ist gewährleistet, dass die Kinder zu Unterrichtsschluss an der Schule sind und eventuell – bei Abholproblemen seitens der Eltern – den Schulbus benutzen können.

Nach längeren Fahrten muss immer eine gewisse Zeit zum Bettenabziehen, Sortieren der gemeinsam im Zimmer vermischten Sachen, Kofferpacken, Durchfegen und Müllentsorgen eingeplant werden.

Evtl. kann, je nach Zeitplanung und Absprache mit den Eltern, auf der Heimreise noch an einem Tierpark, Kindertheater o. Ä. Halt gemacht werden.

Auf großer Fahrt: Ausflüge, Spiele, Lieder und mehr

Es gibt zwei Möglichkeiten, Klassenfahrten durchzuführen: Man kann die Fahrt unabhängig oder abhängig von einem bestimmten Thema planen. Bei den individuell geplanten Klassenfahrten wird auf Ausflugsziele, pädagogische Programme oder vorgegebene Möglichkeiten am Klassenfahrtsort zurückgegriffen. Die thematisch geplanten Klassenfahrten sind weitesgehend unabhängig vom Ort. Hierbei kommt es darauf an, einen roten Faden zu einem bestimmten Thema zu spannen. Im Folgenden werden für beide Möglichkeiten Programm- und Organisationsvorschläge gemacht. Speziell für thematische mit dem Unterricht eng im Zusammenhang stehende Klassenfahrten gibt es hier viele Tipps und Ideen, die die Vorbereitung erleichtern.

Zu jedem Themenvorschlag wird auch ein passendes Lied vorgeschlagen, dessen Noten und Text im Anhang als Kopiervorlage abgedruckt ist.

Individuelle Klassenfahrten

Ausflugsziele

Bereits bei der Planung und Auswahl des Klassenfahrtziels sollte man sich über die Ausflugsmöglichkeiten am Ort informieren. Sehr gute Hinweise über Möglichkeiten in der Umgebung bekommt man bei den Ansprechpartnern der Jugendherbergen. Meist haben sie auch Flyer oder Prospekte, die sie einem gerne zuschicken. Ansonsten kann man sich bei regionalen Informationsstellen wie Touristeninformationen, auf der Webseite der jeweiligen Stadt/des jeweiligen Ortes oder bei der Gemeinde-/Stadtverwaltung informieren. Bedacht werden muss auch die Entfernung der Ausflugsziele von der Unterkunft, denn wenn das Ziel nicht mit einer „Wanderung“ zu erreichen ist, muss hierfür entweder ein Bus gechartert oder auf Linienbusse bzw. die Bahn ausgewichen werden. Auch dazu kann man in der Jugendherberge, bei Informationsstellen oder im Internet Informationen finden.

Folgende Ausflugsmöglichkeiten sind bei Kindern immer wieder beliebt:

- ***Burgen und Schlösser***
  Sehr gerne besichtigen Kinder Schlösser. Ein besonderer Spaß ist es für sie, mit den Überziehschuhen durch die pompösen Säle zu wandeln. Die Führung sollte speziell auf Kinder zugeschnitten sein.
  Auch alte Ritterburgen üben eine Faszination auf Kinder aus, besonders Rüstungen oder das Verlies.
  Tipp: Auf der Internetseite www.burgen-und-schloesser.net/ finden Sie zu vielen Burgen und Schlössern Deutschlands vorab Informationen, Bilder und mehr.
- ***Museen***
  Von Kunst über Steinzeit bis zu Städtemuseen gibt es viele Möglichkeiten.
  Tipp: Die folgenden Internet-Seiten verzeichnen alle Museen Deutschlands, bieten weitere Informationen sowie die konkreten Kontaktdaten und Internet-Links zu den einzelnen Museen: www.kunst-und-kultur.de/Museumsdatenbank/, www.deutsche-museen.de/#
- ***Wanderhütte***
  Unternimmt man mit Kindern eine Wanderung, so ist es immer gut, wenn man ein Ziel vor Augen hat. Dies kann z. B. eine Hütte sein, in der man Kuchen isst oder an der man grillt. Mit diesem Ziel wandern auch „lauffaule“ Schüler motiviert mit.
- ***See/Teich/Bach***
  Je nach Größe des Gewässers bieten sich unterschiedliche Möglichkeiten: Boote schwimmen lassen, mit einem Ausflugsdampfer fahren, Angeln ... Teiche eignen sich besonders gut, um Tiere, wie z. B. Kaulquappen o. Ä. zu beobachten. An einem Bach können sich Kinder gut beim Bauen eines Staudammes austoben. Haben alle Gummistiefel dabei, kann man auch gut durch den Bachlauf waten.
- ***Tierpark oder Zoo***
  Der Klassiker: Da alle Kinder Tiere lieben, gibt es hier für alle viel zu sehen und zu entdecken.

Tipp: Auf den folgenden Websites findet man viele Informationen zu Zoos und Tiergärten in Deutschland: www.zoo-infos.de/, www.tierpark-suche.de/, http://tiergaerten.de

- ***Schwimmbad***
  Das Schwimmbad muss in der Regel kein besonderes sein. Das gemeinsame Schwimmen, Baden und Toben gefällt schon. Wenn aber in der Nähe ein Wellenbad oder ein Schwimmbad mit Riesenrutsche ist, ist das Badevergnügen natürlich noch aufregender.
- ***Ausflugsturm***
  Mit dem Fahrstuhl auf den Fernsehturm oder zig Treppenstufen auf einen Kirchturm steigen: Für einen Ausblick über die Stadt/den Ort lohnt sich so manche Mühe. Bei schönem Wetter kann man kilometerweit schauen und Busse, Autos und Menschen wirken wie kleine Ameisen.
- ***Theater***
  Besonders Märchen- oder Puppentheater sind ideal für Kinder. Vielleicht gibt es auch eine Freilichtbühne in der Umgebung. Da Kinder zumeist nicht oft Theatererfahrungen machen, ist es für alle etwas Besonderes.

Freizeitgestaltung

Zur Freizeitgestaltung wurden auf den Seiten 10 ff. bereits viele Tipps und Ideen gegeben. Auch für die individuellen Klassenfahrten bieten sich gemeinsame Spiele- und Bastelaktionen an. An dieser Stelle folgt nun noch eine Sammlung von Klassenfahrtsspielen mit Angaben zum benötigten Material und der Beschreibung des Ablaufs.

- ***Tuch schnappen***
  Material: evtl. Stühle, ein Tuch
  Durchführung: Zwei Mannschaften stehen oder sitzen sich gegenüber, in der Mitte liegt ein Tuch. Jede Mannschaft wird von 1–x durchnummeriert. Der Spielleiter ruft eine Nummer. Die Spieler beider Mannschaften mit dieser Nummer müssen nun versuchen, das Tuch zu schnappen. Wer es als Erster hat, bekommt einen Punkt für seine Mannschaft. Jedes Nummern-Paar sollte einmal drankommen.
  Variante: Statt Punkte zu verteilen, muss sich der Verlierer einer Runde jeweils hinter den Tuchschnapper stellen.
- ***Gedächtnisspiel***
  Material: 10 beliebige Gegenstände, ein Handtuch o. Ä., Blatt und Stift pro Kind
  Durchführung: Zehn Gegenstände werden vorgestellt und auf den Boden gelegt. Ein Handtuch wird darübergebreitet. Das Kind, das die meisten Gegenstände aus dem Gedächtnis aufmalen kann, hat gewonnen.
- ***Daumendrücken***
  Material: Stühle, Tische
  Durchführung: Bis auf drei Kinder gehen alle auf Tauchstation (Kopf auf die Arme legen, Augen schließen) und legen eine Hand (als Faust geballt, Daumen außerhalb der Faust) auf den Tisch. Die drei Kinder gehen nun leise herum und drücken jeweils den Daumen eines schlafenden Kindes. Auf das Kommando „Auftauchen“, heben alle Kinder wieder den Kopf. Die „gedrückten“ Kinder müssen aufstehen und raten, wer ihren Daumen gedrückt hat. Errät es das Kind, so darf der Gedrückte in der nächsten Runde herumgehen.
- ***Stuhlstafette***
  Material: ein Stuhl pro Kind
  Durchführung: Zwei Mannschaften werden gebildet. Jede Mannschaft sitzt in einer Stuhlreihe. Dabei schaut Kind Nr. 2 auf den Rücken/die Rückenlehne von Nr. 1, Nr. 3 auf den Rücken von Nr. 2 ... Auf ein Kommando hin läuft das erste Kind nach hinten und gibt dem letzten Kind einen Klaps auf die Schulter. Nun müssen alle Kinder aufrücken (Nr. 2 auf den Stuhl von Nr. 1, Nr. 3 auf den Stuhl von Nr. 2 ...). Die Mannschaft, die es als erste schafft, einmal ganz durchzurücken (Nr. 1 sitzt wieder auf Stuhl Nr. 1), hat gewonnen.
- ***Zeitungslauf***
  Material: Zeitungspapier
  Durchführung: Ein Kind muss mithilfe eines Mitschülers mit 2 Zeitungsteilen eine Strecke zurücklegen. Dabei läuft der Spieler auf den Zeitungen und der Helfer legt immer die hintere Zeitung nach vorne, sodass der Spieler weitergehen kann. Das Spiel wird gegen ein anderes Team um die Wette gespielt.
- ***Zimmerfußball***
  Material: ein Stuhl pro Kind, Softball
  Durchführung: Die Kinder sitzen in Stuhlreihen

gegenüber. Ein Softball wird in die Gasse geworfen. Die Kinder dürfen den Ball treten, aber den Ball nicht mit den Händen anfassen. Außerdem müssen sie die ganze Zeit sitzen bleiben und dürfen nicht aufstehen. Wer den Ball unter den Stuhl eines Kindes treten kann, hat ein Tor geschossen.

- ***Hund und Knochen***
  Material: Augenbinde, Schlüssel oder anderer Gegenstand
  Durchführung: Ein Kind sitzt mit verbundenen Augen im Kreis. Es hat die Aufgabe, einen Knochen (Schlüssel oder anderer Gegenstand) zu bewachen. Ein anderes Kind wird wortlos ausgewählt, um den Knochen zu stehlen. Hört der „Hund" etwas, so muss er in die Richtung, aus der er glaubt, etwas zu hören, zeigen und laut Stopp rufen. Wird der Dieb so gestellt, muss dieser der Hund sein.
- ***„Hänschen piep einmal"***
  Material: Augenbinde, ein Stuhl pro Kind
  Durchführung: Die Kinder sitzen im Stuhlkreis. Ein Kind muss mit verbundenen Augen im Sitzkreis herumgehen und sich auf den Schoß eines anderen Kindes setzen. Auf die Aufforderung „Hänschen piep einmal" muss dieses Kind „Piep" sagen. Wird das Kind erkannt, so ist es der neue Rater.
- ***Vorturner***
  Material: ein Stuhl pro Kind
  Durchführung: Ein Kind muss den Raum verlassen. In der Zwischenzeit wählen die anderen Kinder einen Vorturner. Das Kind, das draußen steht, wird hereingebeten und stellt sich in den Sitzkreis. Der Vorturner gibt nun unauffällig Bewegungen (in die Hände klatschen, mit den Beinen treten ...) vor, die die im Kreis sitzenden Kinder nachmachen müssen. Das Kind, das im Sitzkreis steht, muss erraten, wer der Vorturner ist.
- ***Koffer packen***
  Material: evtl. Stühle für einen Stuhlkreis
  Durchführung: „Ich packe meinen Koffer und nehme mit ...". Jedes Kind packt einen Gegenstand in seinen Koffer, muss aber erst, bevor er seinen neuen nennen darf, alle Gegenstände aufzählen, die davor eingepackt wurden. Wer einen Fehler macht, scheidet aus.
- *Variante: Bewegungen sammeln*
  Material: evtl. Stühle für einen Stuhlkreis
  Durchführung: Ein Kind macht eine Bewegung vor. Das nächste Kind muss diese Bewegung nachmachen und eine neue Bewegung vormachen, das nächste Kind muss die ersten beiden Bewegungen nachmachen und sich eine weitere ausdenken … Wer einen Fehler macht, scheidet aus.
- ***Stille Post***
  Material: evtl. Stühle für einen Stuhlkreis
  Durchführung: Ein Satz, schwieriges Wort etc. wird durch Flüstern von Kind zu Kind weitergegeben. Das letzte Kind muss den Satz laut sagen. Ist es beim gleichen Satz geblieben wie am Anfang?
- ***Alle, die ...***
  Material: Stuhlkreis mit einem Stuhl weniger als Kinderanzahl
  Durchführung: Ein Kind steht in der Mitte und sagt z. B.: „Alle, die blond sind, tauschen die Plätze." Die blonden Kinder springen auf, um ihre Plätze zu wechseln, das Kind aus der Mitte muss versuchen, dabei auch einen Platz zu ergattern. Wer keinen Stuhl beim Tauschen erwischt, stellt die neue Aufgabe (z. B.: „Alle, die braune Schuhe haben, grüne Augen, Mathe mögen, gerne Tischtennis spielen ...")
- ***Obstkorb***
  Material: Karten mit Fruchtmotiven (je 3 oder 4 mit gleichem Motiv), Stuhlkreis mit einem Stuhl weniger als Kinderanzahl
  Durchführung: Jedes Kind zieht eine Karte. Ein Kind steht in der Mitte und ruft laut eine Frucht. Die Kinder, die diese Frucht als Motiv haben, müssen die Plätze tauschen. Dabei muss das Kind in der Mitte versuchen, einen Platz zu bekommen. Ruft das Kind in der Mitte „Obstkorb", dann müssen alle Kinder den Platz tauschen.
- ***Welle***
  Material: Stuhlkreis mit einem Stuhl pro Kind.
  Durchführung: Ein Kind steht in der Mitte, ein Stuhl im Sitzkreis ist leer. Auf ein Kommando müssen alle Kinder möglichst schnell im Uhrzeigersinn einen Platz aufrücken. Kann sich das Kind aus der Mitte setzen, so muss sich das Kind, das nicht weitergerückt ist, in die Mitte stellen.

- ***Atomspiel***
  Material: CD-Player, Musik-CDs
  Durchführung: Alle bewegen sich zur Musik. Stoppt die Musik, ruft der Spielleiter eine Zahl. Entsprechend viele Kinder müssen sich zusammenfinden und an die Hand nehmen. Welche Gruppe sich als letztes findet, hat verloren.
- ***Tierspiel***
  Material: Karten in Anzahl der Schüler mit Tiermotiven (je 4 mit gleichem Motiv)
  Durchführung: Die Karten werden gemischt und an die Kinder verteilt. Auf ein Kommando müssen die Kinder anhand der Laute der Tiere ihre Familie finden. Die Gruppe, die sich als erstes gefunden hat, ist Sieger.
- ***Ja-Nein-Spiel***
  Material: Streichhölzer
  Durchführung: Jedes Kind bekommt drei Streichhölzer. Alle Kinder müssen herumgehen und sich gegenseitig Fragen stellen. Antwortet ein Kind mit „Ja“ oder „Nein“, so muss es dem Fragenden ein Streichholz geben. Wer keine Streichhölzer mehr hat, scheidet aus.
- ***Spots in Movement***
  Material: CD-Player, Musik-CDs
  Durchführung: Alle Kinder bewegen sich zur Musik. Hört die Musik auf, so müssen alle Kinder für einige Sekunden versteinert stehen bleiben. Wer sich bewegt, scheidet aus.
- ***Fuß-Ball-Kette***
  Material: Tennisball o. Ä., ein Stuhl pro Kind
  Durchführung: Es werden zwei Mannschaften gebildet. Die Mannschaften sitzen in Stuhlreihen gegenüber. Der erste Spieler beider Mannschaften streckt seine Beine aus. Der Spielleiter legt ihm einen Ball auf die Füße. Nun muss versucht werden, den Ball von Spieler zu Spieler also von Füßen zu Füßen weiterzugeben. Dabei darf der Ball nicht mit den Händen angefasst werden. Fällt der Ball herunter, muss die Mannschaft wieder beim ersten Spieler beginnen. Die Mannschaft, die als erstes am Ende der Stuhlreihe angekommen ist, hat gewonnen.
- ***Löwenjagd***
  Material: /
  Durchführung: Jedes Kind klatscht mit der rechten und linken Hand abwechselnd auf seine Oberschenkel. Die Kinder sprechen alles nach und machen die Bewegungen mit, die der Spielleiter vorgibt:
  Gehn wir heut auf Löwenjagd?
  Ja, wir gehn auf Löwenjagd!
  Halt! (aufhören zu klatschen und Zeigefinger in die Luft)
  Was ist das? – Ein Löwe? – Nein, kein Löwe! – Eine Tür! (pantomimisch eine Tür öffnen und laut quietschen)
  Wir gehen durch die Tür (weiterklatschen)
  und wir gehen weiter.
  (Hindernisse auf dem Weg:
  Wiese: Hände reiben, Geräusch: *schsch*
  Baum: hochklettern, umschauen, runterklettern
  Sumpf: pantomimisch Schuhe und Strümpfe ausziehen, durchlaufen, wieder anziehen
  Holzbrücke: mit Fäusten auf Stuhl trommeln
  See: pantomimisch Schuhe, Strümpfe und Jacke ausziehen, auf den Kopf legen und mit einer Hand festhalten, mit der anderen Schwimmbewegungen machen
  Höhle: langsam gehen, leise reden, an einem Felsen stoßen; durch die Ruhe wird Spannung erzeugt)
  Alles ist dunkel. – Ich kann nichts sehen. – Da: zwei Lichter! – Ich hole meine Streichhölzer aus der Tasche und zünde ein Streichholz an. Ah! (laut schreien)
  Der Löwe. Schnell weg!!! (alle rennen davon und passieren die gleichen Stationen rückwärts, nur schneller und lauter)
  Gerettet! (mit einem Seufzer der Erleichterung schließen wir die Tür hinter uns)
- ***Pferderennen***
  Material: /
  Durchführung: Alle Kinder knien im Kreis und klatschen auf ihre Oberschenkel. Alle Kinder machen die Bewegungen des Spielleiters nach:
  Langsam anlaufen zur Box (langsam klatschen)
  loslaufen (klatschen)
  über einen Graben springen (Hände hochwerfen)
  weiterlaufen (weiterklatschen)
  Linkskurve (mit dem Oberkörper nach links lehnen)
  Rechtskurve (mit dem Oberkörper nach rechts lehnen)
  Reporterecke (Alle sagen: „laberlaberlaber …“)
  Zieleinlauf (schnell klatschen)

Zielfoto (versteinert sein oder Handbewegung, als ob man einen Fotoapparat bedient und dazu „klick-klick …“ sprechen)
in die Box gehen (langsam weiterklatschen)

- ***Pizza***
  Material: /
  Durchführung: Alle Kinder sitzen hintereinander in einem Kreis. Alle Kinder machen die Bewegungen auf dem Rücken des Vordermannes:
  Teig kneten (massieren)
  Teig ausrollen (mit der Faust streichen)
  Tomatenmark verstreichen (mit der ganzen Hand ausstreichen)
  Salami auflegen (mit dem Zeigefinger runde Kreise fahren)
  Tomaten schneiden (leicht mit der Handkante trommeln)
  Parmesan drüberstreuen (mit den Fingerspitzen trommeln)
  Pizza in den Ofen schieben (Hände reiben bis sie warm werden und auf den Rücken des Vordermanns legen)
  Pizza rausholen und schneiden (mit Handkante auf Rücken in alle Richtungen streichen)
  Fertig!

Folgende Spiel- und Bastelaktionen der thematischen Klassenfahrten bieten sich zur Ausgestaltung an:

- Klassenfahrt „Freundschaft“: Kooperationsspiele, Freundschaftsbänder herstellen
- Klassenfahrt „Buchstaben“: Buchstabenspiele
- Klassenfahrt „Natur“: Spiele im Wald
- Klassenfahrt „Sport“: Mannschaftsspiele Völkerball, Ball über die Schnur, Fußball
- Klassenfahrt „Ritter“: Ritterspiele (ohne Rahmengeschichte)
- Klassenfahrt „Indianer“: Erkundungsrallye
- Klassenfahrt „Planeten“: Weltraumspiele

Thematische Klassenfahrten

Bei den folgenden Programmvorschlägen für thematische Klassenfahrten kann die Länge der Fahrt von einer Übernachtung bis zu vier Übernachtungen variiert werden. Zu jedem Klassenfahrtthema werden Programmpunkte zu jeder Klassenstufe angegeben. Es wird jeweils ein konkreter Ablauf zu einer Klassenstufe vorgeschlagen, der aber natürlich nach belieben erweitert, verkürzt, ausgetauscht oder auf eine andere Jahrgangsstufe angepasst werden kann.

Soziales Miteinander/ Freundschaft

Vorbereitung im Unterricht, 1./2. Schuljahr:

- ***Deutschunterricht:*** Bilderbuch „Freunde“ von Helme Heine (evtl. Leporello o. Ä. dazu gestalten)
- ***Musikunterricht/Klassenfahrtslied:***
  „Ich mag dich so“, Text: Rolf Krenzer, Melodie: Walter Vahrenkamp, (s. S. 45)
  „Mein Freund Abdullah“, Rolf Zuckowski
  „Du gehörst zu uns“, Rolf Zuckowski
  „Ich bin ich und du bist du“, Text: Irmela Bender, Melodie: Dorothée Kreusch-Jacob
- ***Sachunterricht:*** „Freundschaft“

Vorbereitung im Unterricht, 3./4. Schuljahr

- ***Deutschunterricht:*** Klassenpatenschaft mit einer anderen Klasse, evtl. Brieffreundschaft mit einer benachbarten Schule und gemeinsame Klassenfahrt zum Kennenlernen
- ***Musikunterricht/Klassenfahrtslied:*** s. 1./2. Schuljahr

Konkreter Ablauf: 1. Schuljahr

1. Tag: Anreisetag
Vormittag: Zimmerbelegung
Nachmittag: Spaziergang zur Orientierung, Freundschaftsbänder herstellen, Freundebuch gestalten
Abend: Was ich besonders an dir mag, Vorstellung der Freundebücher, Kooperationsspiele
2. Tag: Abreisetag
Vormittag: Aufräumen, Abfahrt

Programm

- ***Herstellen von Freundschaftsbändern (1.–4. Schuljahr)***
  Material: verschiedenfarbige Bast- oder Wollfäden
  Herstellung: Drei verschiedenfarbige, gleich lange Fäden werden an einem Ende mit einem Knoten zusammengebunden. Nun werden sie

geflochten: Linker Faden über mittleren Faden, rechter Faden über den mittleren Faden, linker Faden über den mittleren Faden etc. Dabei werden sie zwischendurch immer gut festgezogen. Ist das geflochtene Band lang genug, wird es um das Handgelenk gelegt und die Enden werden verknotet.
Durchführung: Jedes Kind soll sein Band mit einem befreundeten Kind tauschen. Damit es keinen Streit gibt, können auch vorher Tauschpartner ausgelost werden.

- ***Was ich besonders an dir mag***
  (1.–4. Schuljahr)
  Material: Stühle für einen Stuhlkreis
  Durchführung: Jeweils ein Kind darf sich mit seinem Stuhl in die Mitte des Stuhlkreises setzen und Kinder drannehmen, die ihm eine seiner besonderen Eigenschaften nennen möchten. Die Kinder benutzen dabei folgenden Satz: „Ich mag an dir besonders, dass du ... bist." Jedes Kind sollte einmal in der Mitte sitzen.
- ***Freundebuch gestalten und vorstellen***
  (1./2. Schuljahr)
  Material: weiße DIN-A4-Blätter, Schnellhefter für jedes Kind, Stifte, Wasserfarben, Wasser
  Herstellung: In jeden Schnellhefter werden weiße Blätter eingeheftet.
  Durchführung: Jedes Kind bekommt die Aufgabe, jeweils eine Seite in dem Freundebuch seiner Freunde zu gestalten. Gestaltungselemente können dabei sein: ein Handabdruck, ein Fußabdruck, ein Reim oder Gedicht, eine Geschichte, ein Bild, etwas Gefaltetes, ein paar Sätze zu „Wieso ich dich mag" oder „Ich mag an dir besonders" ... Der Fantasie der Kinder sind keine Grenzen gesetzt. Damit alle Kinder Bücher mit vielen gestalteten Seiten erhalten, kann vorher besprochen werden, dass man Kinder ansprechen und fragen kann, ob sie eine Seite im Buch gestalten wollen und dass man im Gegenzug auch bei ihnen eine Seite gestalten wird. Jedes Kind erhält dadurch eine schöne Erinnerung an die Klassenfahrt und die Klassengemeinschaft wird gestärkt.
- ***Rollenspiel***
  (3./4. Schuljahr)
  Material: evtl. Requisiten
  Durchführung: In kleinen Gruppen (2–3 Kinder pro Gruppe) überlegen die Kinder, was Freunde zusammen machen bzw. wie Freunde sich gegenseitig helfen, beschützen ... und bereiten dazu ein kleines Rollenspiel für den Abend vor. Sie können sich dazu auch verkleiden.
- ***Brieffreundschaften innerhalb der Klasse bzw. zur Patenklasse pflegen***
  (3. /4. Schuljahr)
  Material: Stifte, verschiedenes Briefpapier, Umschläge, Briefmarken (diese Materialien können von den Kindern selbst mitgebracht werden; auf Gepäckliste notieren)
  Durchführung: Jedes Kind schreibt einen Brief entweder an einen Klassenkameraden, einen Freund oder an ein Kind aus z. B. der Patenklasse. Die Briefe werden während der Klassenfahrt abgeschickt.

Kooperationsspiele

(weitere Kooperationsspiele s. auch S. 28 f.)
Alle Spiele sind für das 1.–4. Schuljahr geeignet.

- ***Blind führen***
  Material: großer Raum, Eimer, Augenbinde
  Durchführung: Im Raum werden Eimer als Slalomstrecke verteilt. Ein Kind bekommt die Augen verbunden und wird von einem Partner durch Kommandos wie „nach vorne/links/rechts", „noch einen Schritt vor", „etwas langsamer" etc. durch den Parcours geleitet. Ziel ist, dass kein Eimer berührt wird oder umfällt. Die Rollen werden dann vertauscht, sodass das Kommandokind zum Blinden wird.
- ***Einen Gegenstand zeigen***
  Material: Karten mit Alltagsgegenständen als Motiv (wie Schere, Küchenmixer, Schubkarren, Stuhl, Tisch ...)
  Durchführung: Zwei Kinder bekommen eine Karte und sollen gemeinsam pantomimisch mit ihrem Körper den Begriff darstellen. Haben die anderen ihn erraten, kommt das nächste Zweierteam an die Reihe.
- ***Knotenmutter***
  Material: /
  Durchführung: Ein Kind verlässt den Raum. Daraufhin soll sich eine Gruppe von 5–6 Kindern an den Händen fassen, einen Kreis bilden und durch über oder unter den Armen durchsteigen einen Knoten bilden. Die Kinder dürfen

sich gegenseitig nicht loslassen. Der hereingerufene Mitspieler soll nun das Chaos entwirren, indem er die Kinder wieder über oder unter den Armen durchsteigen lässt, bis erneut ein Kreis entsteht.

- ***Möhren ziehen***
  Material: /
  Durchführung: Alle Kinder – bis auf den „Möhrenzieher" – liegen kreisförmig mit dem Kopf zur Mitte auf dem Boden und halten sich an den Händen fest. Der Möhrenzieher muss nun versuchen, ein Kind an den Beinen aus dem Kreis herauszuziehen. Schafft er es, ist das herausgezogene Kind ebenfalls Möhrenzieher. Die am Boden liegenden „Möhren" müssen versuchen, die entstandene Lücke schnell wieder zu schließen. Sind nur noch zwei Kinder als Möhren übrig, endet das Spiel.
- ***Spiegelspiel***
  Material: /
  Durchführung: Zwei Kinder stehen sich gegenüber. Ein Kind macht langsam Bewegungen vor (erst nur mit den Händen, dann mit den Armen, dann mit dem ganzen Körper), das andere Kind macht die Bewegungen spiegelbildlich mit. Nach einer gewissen Zeit werden die Rollen gewechselt.
- ***Vertrauensspiel***
  Material: /
  Durchführung: Die Gruppe steht in einem engen Kreis um einen Mitspieler. Dieser schließt seine Augen, macht sich steif und lässt sich dann wie eine steife Puppe fallen. Die Mitspieler fangen ihn mit den Händen auf und bringen ihn in die Ausgangsstellung zurück, von wo er erneut in eine andere Richtung fällt.
- ***Haus-Baum-Hund***
  Material: Papier, Stifte
  Durchführung: Je zwei Kinder bekommen den Auftrag, ein Bild zu malen, auf dem ein Haus, ein Baum und ein Hund zu sehen ist. Der Stift wird beim Zeichnen von beiden Partnern gleichzeitig gehalten und geführt. Während des Zeichnens darf nicht gesprochen werden.
- ***Roboter dirigieren***
  Material: /
  Durchführung: Es werden Dreiergruppen gebildet. Ein Mitspieler ist Roboterleiter, die anderen beiden Kinder sind Roboter und stehen Rücken an Rücken. Der Roboterleiter soll die Roboter durch Drehen des Kopfes aufeinanderzulenken. Auf ein Kommando geht es los. Die Roboter gehen immer geradeaus, bis der Roboterleiter sie durch Kopfdrehen lenkt. Kommt ein Roboter an ein Hindernis, tritt er so lange auf der Stelle, bis der Roboterleiter eine neue Richtung angibt. Gehen die Roboter aufeinander zu und können sich umarmen, ist das Spiel beendet.
- ***Flucht von der Insel***
  Material: je nach Klassengröße 8–10 leere Getränkekisten (bei der Herbergsleitung anfragen), langer Gang (mindestens 10 Meter lang)
  Geschichte: Die Klasse ist auf einer Insel gefangen und wird dort von wilden Tieren bedroht. Um ans sichere Festland zu gelangen, müssen sie den See überqueren. Da es in dem See nur so von Piranha wimmelt, können sie das Ufer nicht schwimmend erreichen. Aber ihnen stehen 8 (bzw. 9 oder 10) Flöße zur Verfügung. Aber Vorsicht: Wer ins Wasser fällt, wird aufgefressen!
  Durchführung: Die Klasse steht an einem Ende des Ganges, die Getränkekisten liegen auch dort. Das Ziel (rettendes Ufer) ist markiert. Die Kinder der Klasse müssen nun gemeinsam überlegen, wie alle mithilfe der Kisten ans rettende Ufer kommen.
  Das Spiel ist nur gewonnen, wenn alle Kinder das Ufer erreichen und keines ins Wasser fällt oder auf der Insel bleibt.
- ***Ausbruch aus dem Kerker***
  Material: Absperrband oder lange Seile, Begrenzungspfähle (draußen: Bäume, Zäune, Klettergerüst ..., Sporthalle: Reckstangen ...)
  Geschichte: Der böse Zauberer Isidor hat die ganze Klasse gefangen genommen und in den Kerker gesperrt. Alles Betteln um Freilassung hat bisher nichts genützt, doch jetzt gibt er der Klasse eine Chance: Wenn es die gesamte Klasse schafft, aus dem Kerker auszubrechen, dann lässt er alle Kinder laufen.
  Dabei gibt es aber folgende Regeln: Über Gitter Nr. 1 dürfen nur 4 Kinder steigen, über Gitter Nr. 2 6 Kinder, über Gitter Nr. 3 und 4 jeweils 5 Kinder (je nach Klassengröße muss hier variiert werden). Verbleibt ein Kind im Kerker, so wer-

den alle wieder eingesperrt. Isidor gewährt der Klasse insgesamt 3 Versuche.
Durchführung: Mit dem Absperrband und den Begrenzungspfählen wird eine Fläche, der Kerker, mit vier Seiten (Gitter) umspannt. Das Absperrband wird an jeder Seite auf einer unterschiedlichen Höhe gespannt: Gitter 1: sehr niedrig, Gitter 2: sehr hoch (ca. 3/4 der Körpergröße der Kinder), Gitter 3: mittig (ca. 1/2 der Körpergröße der Kinder), Gitter 4: mittig (s. Gitter 3). Die Kinder müssen nun versuchen, aus dem Kerker auszubrechen, und sich dabei gegenseitig helfen.

- ***Stromschlag***
  Material: /
  Durchführung: Alle stehen im Kreis und fassen sich an den Händen. Ein Spielleiter sendet per Händedruck einen Impuls los, der durch alle Hände fließt, bis er wieder am Anfang ankommt. Danach wird versucht, einen schnelleren Impuls loszuschicken. Es kann auch versucht werden, zwei Impulse nacheinander zu schicken, die sich gegenseitig jagen.
- ***Magischer Sitzkreis***
  Material: /
  Durchführung: Alle stellen sich im Kreis auf – Schulter an Schulter – und drehen sich auf Kommando in eine Richtung. Danach gehen sie noch ein Stück weiter in die Mitte bis alle sehr eng beieinanderstehen. Auf das nächste Kommando setzen sich alle langsam auf den Schoß des Hintermannes.
  Variante: Wenn der Kreis stabil ist, kann versucht werden, langsam im Kreis zu gehen.

Buchstaben und Sprache

Vorbereitung im Unterricht, 1. Schuljahr

- ***Deutschunterricht:*** Buchstaben kennenlernen
- ***Musikunterricht/Klassenfahrtslied:***
  „Das Abc-Lied", Text: Eckard Bücken, Melodie: Reinhard Horn, s. S. 46
  „Die Büchermaus", Rolf Zuckowski
  „Alle Kinder lernen lesen", Wilhelm Topsch
- ***Kunstunterricht:*** Buchstaben-Monogramme

Vorbereitung im Unterricht 2.–4. Schuljahr

- ***Deutschunterricht:*** Sprache untersuchen, Rechtschreibregeln
- ***Musikunterricht/Klassenfahrtslied:*** s. 1. Schuljahr

Konkreter Ablauf: 1. Schuljahr

1. Tag: Anreisetag
Vormittag: Zimmerbelegung
Nachmittag: Spaziergang zur Orientierung, Mein Name fängt mit ... an (Vorbereitung des Buchstaben-Festes am Abend)
Abend: Buchstaben-Fest mit Buchstaben-Stationen (1. Schuljahr) bzw. Sprachspielen (2.–4. Schuljahr)
2. Tag: Abreisetag
Vormittag: Aufräumen, Abfahrt

Programm

- ***Mein Name fängt mit ... an (Vorbereitung des Buchstaben-Festes)***
  (1.–4. Schuljahr)
  Material: Arbeitskarte, Anfangsbuchstabe des Vornamens für jedes Kind (aus Moosgummi)
  Durchführung: Jede Zimmergruppe bekommt die Anfangsbuchstaben aller Vornamen und soll sich für das Buchstaben-Fest am Abend vorbereiten. Dazu gibt es verschiedene Fragen, die jedes Kind beantworten soll (s. Aufgabenkarte, S. 46):
- ***Buchstabenfest***
  a) Vorstellung der Vorbereitungsergebnisse
  (1.–4. Schuljahr)
  Material: Moosgummi-Buchstaben, ausgefüllte Fragenkarte
  Durchführung: Jedes Kind stellt sich und seine Ergebnisse der Vorbereitung vor.
  b) Abc-Lied
  (1.–4.Schuljahr)
  Material: Noten-/Textblatt
  Durchführung: Das den Kindern aus dem Musikunterricht bekannte Lied wird als Einstimmung auf das Fest gesungen.
  c) Spiele & Co.
  Weitere Elemente des Buchstabenfestes können aus den folgenden Ideen je nach Klassenstufe und Belieben zusammengestellt werden.

Spiele & Co.

- ***Buchstaben-Stationen (1. Schuljahr)***

Durchführung: Die Stationen sind im Raum aufgebaut und die Kinder haben eine gewisse Zeit, die Buchstaben-Stationen auszutesten. Jede Station wird vorher erklärt bzw. demonstriert.

Station 1: Buchstaben in den Sand schreiben
Material: Schuhkartons mit Sand, evtl. Holzstöckchen wie bspw. Schaschlikspieße
Durchführung: Die Kinder können Buchstaben mit dem Finger oder dem Stöckchen in den Sand schreiben und wieder verwischen.

Station 2: Buchstaben mit Klebeband auf den Boden kleben und ablaufen
Material: buntes Klebeband (bspw. Isolierband)
Durchführung: Mit buntem Band kleben die Kinder ihren Lieblingsbuchstaben auf den Boden und laufen ihn ab.

Station 3: Buchstaben auf Tapete schreiben
Material: Wachsmalstifte, Tapetenrollen, Klebeband zum Fixieren
Durchführung: Mit Klebeband wird die Tapetenrolle am Boden fixiert. Nun können die Kinder mit Wachsmalstiften riesengroße Buchstaben auf das Papier am Boden malen.

Station 4: Buchstaben tasten
Material: Moosgummi- oder Holzbuchstaben, Fühlbeutel
Durchführung: Die Buchstaben liegen im Fühlbeutel. Jedes Kind fasst mit geschlossenen Augen in den Beutel und erfühlt einen ausgewählten Buchstaben.

Station 5: Wörter mit Russisch-Brot legen
Material: „Russisch Brot"-Packungen
Durchführung: Mit den Russisch-Brot-Buchstaben kann jedes Kind ein Wort oder seinen Namen legen. Anknabbern der Buchstaben, um einen neuen daraus zu machen, ist erlaubt!

Station 6: Wörter stempeln
Material: Buchstabenstempel, Stempelkasten, Papier
Durchführung: Mit den Buchstabenstempeln drucken die Kinder ihren Namen oder ein Wort.

Station 7: Buchstaben auf den Rücken malen
Material: /
Durchführung: Ein Kind setzt sich mit dem Rücken zu einem Partner. Dieser malt mit dem Finger einen Buchstaben auf den Rücken, der nun erraten werden muss.

Station 8: Buchstaben mit dem Körper darstellen
Material: /
Durchführung: Ein Kind „verrenkt" sich, sodass es mit dem Körper einen Buchstaben darstellt. Ein anderes Kind muss den Buchstaben erraten.

- ***Sprachspiele (2.–4. Schuljahr)***

Bandwurmgeschichten
Material: /
Durchführung: Kleine, überraschende Geschichten werden folgendermaßen erfunden: Das erste Kind sagt einen Satz, zum Beispiel: „Wir haben ein Auto." Mit dem letzten Wort dieses Satzes („Auto") muss der nächste Mitspieler nun einen neuen Satz bilden. „Auto" muss dabei nicht das erste Wort des neuen Satzes sein, es sollte aber möglichst bald benutzt werden. Der nächste Mitspieler kann also etwa sagen: „Unser Auto fährt schnell." Das nächste Kind sagt dann zum Beispiel: „Schnell war es auch kaputt." Ein anderes sagt: „Kaputte Autos müssen in die Werkstatt." usw. Wenn niemandem mehr ein Satz einfällt, beginnt eine neue Geschichte mit einem neuen Anfangssatz.

Alphabetgeschichte
Material: Stift, DIN-A4-Blätter
Durchführung: Dieses Spiel wird in Gruppen von 3–5 Kindern gespielt. Dabei soll aus den Buchstaben des Alphabets eine Geschichte „gebastelt" werden. Als erstes wird ein Thema festgelegt, über welches alle Gruppen schreiben sollen (Bsp.: Klassenfahrt, Sommerferien, Ausflug etc.). Jeder Satz beginnt der Reihe nach mit dem nächsten Buchstaben des Alphabets, der erste Satz beginnt also mit A, der zweite mit B ... Die schwierigen Buchstaben wie Q, X, Y können auch weggelassen werden. Jede Gruppe schreibt ihre Alphabetgeschichte auf und stellt sie später den anderen Gruppen vor.

Kopf und Schwanz
Material: Stift, DIN-A4-Blätter
Durchführung: Das Spiel kann in Gruppen gespielt werden. Jede Gruppe soll möglichst viele

Wörter finden, die den gleichen Anfangs- und Endbuchstaben haben wie „gierig“, „Elle“, „Lümmel“ ... Die Gruppe, die die meisten Wörter findet, hat gewonnen.

Verkettete Wörter

Material: /

Durchführung: Reihum werden Wörter gesagt. Dabei muss das nächste Wort mit der Endsilbe des ersten Wortes beginnen: Beispiel: „Ga-bel“, „bel-len“, „len-ken“, „ken-tern“ ...

Onkel Otto sitzt in der Badewanne

Material: Stift, DIN-A4-Blätter

Durchführung: Jedes Kind erhält ein Blatt Papier und schreibt in eine Tabelle „Onkel / Otto / sitzt / in der Badewanne“ (s. u.).

Das erste Kind denkt sich nun eine Verwandtschaftsbeziehung oder eine Berufsbezeichnung aus und schreibt diese in die spalte „Onkel“, knickt die Spalte nach hinten um und gibt den Zettel an das rechts von ihm sitzende Kind weiter. Nun wird die Spalte „Otto“ mit einem Namen ausgefüllt, umgeknickt und weitergegeben, in die Spalte „sitzt“ kommt ein neues Verb und unter „in der Badewanne“ eine Ortsbezeichnung. Sind alle Spalten auf allen Blättern ausgefüllt, werden die neuen Sätze reihum vorgelesen.

Beispiel:			
Onkel	Otto	sitzt	in der Badewanne
Lehrer	Luise	hockt	an der Wäscheleine

Traumreisen

Material: /

Durchführung: Ein Kind nennt ein Reiseziel, zum Beispiel „Madagaskar“. „Ma-da-gas-kar“ hat vier Silben, das heißt, die Mitspieler bleiben vier Jahre dort, nämlich so viele Jahre wie Silben in dem Wort sind. Jetzt denkt sich jeder Spieler aus, was er in diesen Jahren in Madagaskar macht. Die Tätigkeitswörter, die gefunden werden, müssen mit dem ersten Selbstlaut im Wort Madagaskar beginnen. Zum Beispiel:

„Ich fahre nach Madagaskar. Dort bleibe ich vier Jahre.

Im ersten Jahr *a*ngele ich fette Fische.

Im zweiten Jahr *a*rbeite ich wenig.

Im dritten Jahr *a*ntworte ich auf alle Fragen.

Im vierten Jahr *a*lbere ich mit meinen Freunden herum.“

Weder ja noch nein

Material: /

Durchführung: Zwei Mannschaften werden gebildet. Abwechselnd muss sich ein Kind der einen Mannschaft Fragen der anderen stellen. Die Fragen darf es weder mit „ja“ noch „nein“ beantworten, sondern nur mit Umschreibungen. Hält es die Minute nicht durch, bekommt die fragende Mannschaft einen Punkt, hält es durch, bekommt die eigene Mannschaft einen Punkt.

- ***Weitere Spiele***

  Alle Spiele sind für die Klassenstufen 1–4 geeignet.

Abc-Stopp

Material: großer Raum, CD-Player, Musik-CDs

Durchführung: Die Musik spielt, die Kinder gehen durch den Raum. Vorher wurden Bewegungen für drei verschiedene Buchstaben vereinbart. Beispielsweise: A = Hände nach oben, B = hinsetzen, C = auf einem Bein stehen. Wenn die Musik stoppt, ruft der Lehrer einen Buchstaben und die Kinder müssen die entsprechende Bewegung dazu machen. Wer sich falsch bewegt oder keine Bewegung ausführt, scheidet aus.

Alle, deren Namen mit ... beginnen

Material: Stühle für einen Stuhlkreis

Durchführung: Alle Kinder sitzen auf ihren Stühlen im Stuhlkreis. Der Lehrer beginnt und sagt: „Alle Kinder, deren Namen mit ... beginnen, wechseln ihre Plätze.“ Wer das Kommando verschläft oder fälschlicherweise den Platz tauscht, scheidet aus. Nun darf ein Kind das Kommando mit einem neuen Buchstaben geben.

Wer weiß etwas mit M?

Material: Stühle für einen Stuhlkreis

Durchführung: Alle Kinder sitzen im Kreis. Der Lehrer fragt: „Wer weiß ein Tier mit M?“ Das Kind, das am schnellsten einen richtigen Begriff nennen kann, bekommt einen Punkt. Weitere Kategorien und Buchstaben werden abgefragt (Getränk, Sprache, Land, Kleidungsstück, Spielzeug, Buch, Lied, Farbe, Essen ...) Wer die meisten Punkte hat, gewinnt das Spiel.

Wörterkette „Tiere“

Material: Stühle für einen Stuhlkreis

Durchführung: Alle Kinder sitzen im Kreis. Der

Lehrer sagt ein Tier: „Ente“. Das links neben ihm sitzende Kind muss nun ein Tier mit dem Endbuchstaben von „Ente“ nennen, also mit E wie „Esel“. Das nächste Kind muss nun ein Tier mit dem Endbuchstaben von „Esel“ finden etc. Wer kein Tier mehr weiß, scheidet aus.
Variante: Das gleiche Spiel kann man mit Namen oder anderen Kategorien spielen.

Natur entdecken

Unterbringung

Für eine Klassenfahrt mit dem Motto „Natur entdecken“ sollte in der Nähe der Jugendherberge ein Waldstück sein. Geeignet ist auch eine Unterbringung im Naturfreundehaus (siehe www.naturfreundehaeuser.de). Zahlreiche Umweltverbände, BUND, WWT oder Schutzstation Wattenmeer bieten ebenfalls Unterbringungsmöglichkeiten und Informationen an. Auch die Initiative der Deutschen Bundesstiftung Umwelt in Kooperation mit dem Kinderkanal von ARD und ZDF „Graslöwen TV“ bietet Klassenfahrten mit dem Schwerpunkt Natur und Umwelt an (www.grasloewen.de).

Vorbereitung im Unterricht, 1.–4. Schuljahr

- ***Deutschunterricht:*** Gedichte und Geschichten zur Natur
- ***Sachunterricht:*** Bearbeitung des Themas Wald
- ***Musikunterricht/Klassenfahrtslied:***
  „Auf einem Baum ein Kuckuck“, Volksweise
  „Heut ist ein Fest bei den Fröschen am See“ (s. S. 47)
  „Alte gute Mutter Erde“, Fredrik Vahle
  „Ich hab einen Freund, das ist ein Baum“, Text: Nortrud Boge-Erli, Melodie: Dorothée Kreusch-Jacob

Konkreter Ablauf: 2. Schuljahr

1. Tag: Anreisetag
Vormittag: Zimmerbelegung
Nachmittag: Spaziergang zur Orientierung, Walderkundungsrallye, Waldbild
Abend: Freizeit
2. Tag: Entdeckungen in der Natur
Vormittag: Waldgeschichten erarbeiten und vortragen und Waldplakat zusammenstellen
Nachmittag: Spiele im Wald, „Abendbrot aus dem Wald“ vorbereiten
Abend: Urkundenverleihung, Nachtwanderung
3. Tag: Abreisetag
Vormittag: Aufräumen, Abfahrt

Programm

- ***Walderkundungsrallye (1.–4. Schuljahr)***
  Material: Beutel, Satz Arbeitskarten für jede Gruppe (s. S. 48)
  Durchführung: Mit den Arbeitskarten erhalten die Kinder verschiedene Sammel-Aufträge, die sie in Gruppen bearbeiten sollen. In jeder Gruppe sollten mindestens drei Kinder sein. Die Sammel-Aufträge können gemeinsam oder arbeitsteilig gelöst werden. Alle Waldgegenstände werden im Gruppenraum gelagert.
  Es ist sinnvoll, den Kindern Grenzen zu nennen, bis wohin sie sich bewegen können, sodass sie noch in Hörweite sind. Die Kinder sollten darauf hingewiesen werden, Rücksicht auf die Natur zu nehmen (z. B. keinen Müll hinterlassen …).
- ***Waldgeschichten erarbeiten und vortragen (2.–4. Schuljahr)***
  Material: Von Kindern gesammelte Waldgegenstände (s. o.), Arbeitskarten (s. S. 48), Papier, Wachsmalstifte, Stifte
  Durchführung: Auf den Arbeitskarten steht unter jedem Sammel-Auftrag ein weiterer Arbeitsauftrag. Die Kinder erarbeiten einen dieser Arbeitsaufträge in ihrer Gruppe: Sie überlegen sich eine Geschichte zu einem gesammelten Waldgegenstand. Die Geschichte kann mit Stichpunkten oder als Fließtext festgehalten werden. Die Vorträge erfolgen im Anschluss.
- ***Waldplakat zusammenstellen (1.–4. Schuljahr)***
  Material: Bestimmungsbücher, Blätter, Früchte, Rinde etc. von Bäumen, Waldpflanzen etc., Plakate, Stifte, Klebstoff
  Durchführung: Die Kinder sammeln verschiedene Dinge aus dem Wald und schlagen deren Namen und Informationen in einem Bestimmungsbuch nach. Alles Gesammelte wird auf Plakate geklebt und die Namen sowie einige Informationen werden dazugeschrieben. Diese

Plakate können nach der Klassenfahrt mit Pflanzen etc. aus dem heimischen Wald ergänzt und ausgestellt werden.

- ***Abendbrot aus dem Wald* (2.–4. Schuljahr)**
  Material: Körbe/Beutel zum Sammeln, Bestimmungsbücher
  Durchführung: Je nach Jahreszeit können im Wald Beeren, Kräuter und eventuell Pilze gesammelt werden. Dafür sollte sich die Klasse in Gruppen aufteilen. Mit jeder Gruppe sollte eine Begleitperson mitgehen und aufpassen, was die Schüler sammeln und ob sie es richtig bestimmen (vor allem bei Pilzen und Beeren!). Die Beeren und Kräuter können beim Abendbrot zum Verzehr mit auf den Tisch gestellt werden, aus Brennnesseln oder Johanniskraut kann man versuchen, Tee zu kochen. Aus Kastanien, Eicheln, Blättern etc. kann Tischschmuck gebastelt werden. Findet man viele größere Rindenstücke oder feste Blätter, kann man diese am Abend statt Teller benutzen.
- ***Waldbild* (1.–4. Schuljahr)**
  Material: Naturmaterialien: Blätter (Laub), Erde, Rinde, Gräser, Steine …, Fotoapparat
  Durchführung: Mit den verschiedenen Materialien versuchen die Kinder (in Gruppen zu 3–4 Kindern), ein ca. 1x1 Meter großes Bild auf dem Waldboden zu gestalten. Die so entstandenen Bilder bekommen von der Gruppe einen Namen und werden fotografiert. Mit den entwickelten Fotos kann in der Schule eine Ausstellung gestaltet werden.
- ***Urkundenverleihung* (1.–4. Schuljahr)**
  Material: Urkunde (s. S. 49/)
  Durchführung: Am letzten Abend kann die Urkunde an jeden Schüler feierlich überreicht werden.
- ***Nachtwanderung* (1.–4. Schuljahr)**
  Material: Taschenlampen
  Durchführung: Besonders aufregend ist es für Kinder, eine Nachtwanderung durch den Wald zu machen. Der Lehrer sollte vorher bei Tageslicht die Strecke ablaufen, damit man sich nachts nicht verirrt oder der Weg aus dem Wald heraus zu lang wird. Alle Kinder nehmen ihre Taschenlampen mit und leuchten den Weg ab. Für ein Naturerlebnis der besonderen Art, werden an einem markanten Punkt (z. B. an einer Lichtung) alle Taschenlampen ausgemacht und alle sind für einige Minuten mucksmäuschenstill: Vielleicht können nachtaktive Tiere gehört werden. Sind ängstliche Kinder dabei, sollten sie von der Lehrkraft oder einem anderen Kind an die Hand genommen werden. Für ältere Kinder kann der Lehrer auch eine „leicht gruselige" Waldgeschichte erzählen und ein Waldmensch (z. B. ein anderer Betreuer, verkleidet) kann den Weg der Gruppe kreuzen. Diese Aktionen sind aber nur für Fortgeschrittene, denn die Kinder sollen nach der Wanderung noch ruhig schlafen können …

Spiele im Wald

Die Waldspiele werden im nahe gelegenen Waldstück gespielt. Den Kindern sollte genau erklärt werden, bis wohin sie sich bewegen dürfen.

Alle Spiele sind für die Klassenstufen 1–4 geeignet.

- ***Der versteckte Baum***
  Material: Augenbinden
  Durchführung: Das Spiel wird zu zweit gespielt. Ein Kind bekommt die Augen verbunden, der Partner führt es zu einem interessanten Baum. Der „blinde" Spieler versucht nun, indem er tastet und fühlt, den Baum „kennenzulernen" und sich den Baum anhand markanter Merkmale einzuprägen (Astlöcher, bemooste Stellen, Rinde, Umfang des Baumes …). Der „Sehende" führt den Partner zurück zur Ausgangsstelle, wo dieser die Augenbinde abgenommen bekommt. Jetzt muss er versuchen, seinen Baum wiederzufinden.
- ***Schmuggeljagd***
  Material: verschiedene Gegenstände zum Verstecken (Ball, Tuch …), ggf. Fähnchen zum Abstecken eines Gebietes
  Durchführung: Ein Spielleiter versteckt in einem abgesteckten Gebiet oder an einem Pfad verschiedene Gegenstände. Die Kinder werden zu dem abgesteckten Gebiet geführt. Jedes muss die eingeschmuggelten Gegenstände finden, aber an Ort und Stelle liegen lassen, und darf nicht verraten, wo es eines entdeckt hat.

Das Kind, das die genaue Anzahl der eingeschmuggelten Gegenstände nennen kann, hat gewonnen. Anschließend werden alle Gegenstände zusammen eingesammelt.

- ***Aktion Eichhörnchen***
  Material: pro Spieler 15 Nüsse (oder Erbsen), rote und schwarze Karten, Stoppuhr, ggf. Fähnchen zum Abstecken eines Gebietes
  Durchführung: Jeder Spieler zieht eine Karte und bekommt 15 Nüsse. Im Wald ist ein Gebiet eingegrenzt. Spieler mit schwarzer Karte sind Eichhörnchen, die alle ihre Vorräte an einer Stelle (Nest) verstecken. Die Spieler mit den roten Karten verstecken höchstens 3 ihrer Nüsse an einer Stelle (also insgesamt 5 Stellen). Anschließend treffen sich alle wieder am Ausgangspunkt.
  Es ist Dezember. Jeder Spieler muss in 30 Sekunden 3 Nüsse finden (eigene oder geklaute Nüsse) und zum Ausgangspunkt bringen.
  Es ist Januar: Jeder Spieler muss in 30 Sekunden 4 Nüsse finden.
  Es ist Februar: Jeder Spieler muss 5 Nüsse in 30 Sekunden zum Überleben finden.
  Wer keine Nüsse mehr findet, ist „tot". Überlebende Eichhörnchen sind die Sieger!
- ***Partnersuche***
  Material: je zwei gleiche, kleine Waldgegenstände (Blätter, Früchte, Stöckchen ...) in Anzahl der Spieler
  Durchführung: Alle Spieler stehen im Kreis und halten die Hände hinter dem Rücken auf. Ein Spielleiter verteilt je einen Gegenstand an jede Person. Die Spieler müssen nun gegenseitig, Rücken an Rücken, den Gegenstand des anderen Spielers ertasten und den Partner mit dem gleichen Gegenstand finden.
- ***Blinde Karawane***
  Material: ein Seil, Augenbinden für jedes Kind
  Durchführung: Der Spielleiter sucht einen Pfad aus und spannt ein Seil entlang dieses Pfades. Er könnte z. B. entlang eines schattigen Waldweges gehen, führt dann über einen mit Moos bewachsenen Stamm, geht weiter über eine sonnige Lichtung und endet in einer dichten Fichtenschonung. Die Schüler gehen nun mit verbundenen Augen am Seil diesen Pfad ab und achten auf ihre Sinneseindrücke.
- ***Geräusche wahrnehmen***
  Material: /
  Durchführung: Die Kinder legen, setzen oder stellen sich mit geschlossenen Augen in den Wald und halten beide Fäuste hoch in die Luft. Jedes Mal, wenn jemand einen Vogelgesang hört, streckt er einen Finger aus. Genauso verfahren die Kinder, wenn sie andere Geräusche hören, wie Straßenlärm oder Bienensummen. Nach einer Minute bricht der Spielleiter ab und die Anzahl und Art der verschiedenen Geräusche werden verglichen.
- ***Fuchs und Hase im Winter***
  Material: /
  Durchführung: Es werden einige Gruppenmitglieder bestimmt, den Fuchs zu spielen. Die anderen sind die Hasen, welche nun ein paar Minuten Zeit bekommen, sich zu verstecken. Anschließend folgen die Füchse den Fußspuren, um die Hasen zu finden. Gelingt es den Hasen, falsche Fährten zu legen oder die Füchse zu verwirren? Das Spiel funktioniert gut im dichten Wald, sodass der Fuchs den Spuren folgen muss und die Hasen nicht schon auf 100 Meter Entfernung sehen kann.
- ***Borkenkäfer***
  Material: Karten in der Anzahl der Spieler mit der Aufschrift „gesunder Baum", „kranker Baum" und „Borkenkäfer"
  Durchführung: Bei diesem Spiel bekommt jeder Mitspieler ein Kärtchen, auf welchem entweder „gesunder Baum", „kranker Baum" oder „Borkenkäfer" steht. Jedes Kind mit einem Baumkärtchen (gesund und krank) sucht sich im Wald einen Baum aus, an dem es stehen bleibt. Alle Borkenkäfer versuchen nun, die gesunden Bäume ausfindig zu machen. Dazu müssen sie von Baum zu Baum wandern und nachfragen. Dabei haben sie zunächst nur insgesamt 20 Schritte zur Verfügung, um von einem Baum zum nächsten bzw. zum übernächsten zu gelangen. Geht ein Borkenkäfer an einem gesunden Baum vorbei, erhält er keine neuen Schritte dazu, kommt er an einen kranken Baum, erhält er weitere 20 Schritte dazu. Jeder gesunde Baum darf aber insgesamt nur 10-mal angefragt werden, kranke Bäume nur 5-mal. Danach wird der jeweilige Baum auch zum

Borkenkäfer. Das Spiel ist aus, wenn es keine Bäume mehr gibt oder die Borkenkäfer keine Schritte mehr haben.

- ***Labyrinth***
  Material: Absperrband, langer Baumstamm, Stoppuhr
  Durchführung: Mit Baustellen-Trassband wird in einem Waldstück ein Weg/Labyrinth erstellt. Es gibt einen Eingang und einen Ausgang. Die Klasse wird in zwei Gruppen aufgeteilt. Jede Gruppe muss mit einem ca. 5 Meter langen und vom Gewicht tragbaren Baumstamm versuchen, durch das Labyrinth zu finden. Es ist gar nicht so einfach, damit um die Ecken zu kommen, ohne den Parcours zu verlassen. Welche Gruppe es am schnellsten schafft, gewinnt.
- ***Baummarkierung***
  Material: Stück Stoff, z. B. Tuch oder Schal
  Durchführung: Die Klasse wird in Gruppen aufgeteilt. Jede Gruppe bekommt die Aufgabe, ohne Hilfsmittel eine Markierung so hoch wie möglich am Baum anzubringen. Es dürfen keine Äste als Kletterhilfe benutzt werden.

Sportolympiade

Vorbereitung im Unterricht, 1.–4. Schuljahr

- ***Sportunterricht:*** Partner- und Mannschaftsspiele
- ***Musikunterricht/Klassenfahrtslied:***
  „Fußball“, Eckehard Ruschmeier (s. S. 50)
  „Sport an jedem Ort“, Robert Metcalf
- ***Sachunterricht:*** Geschichte der Olympischen Spiele

Konkreter Ablauf: 2. Schuljahr

1. Tag: Anreisetag
Vormittag: Zimmerbelegung
Nachmittag: Eröffnung der Olympiade, Üben der Partner- und Mannschaftsolympiade
Abend: Kinderdisco, Freizeit

2. Tag: Olympiade
Vormittag: Wettkampf Partnerolympiade
Nachmittag: Wettkampf Mannschaftsolympiade
Abend: Siegerehrung mit Überreichung der Urkunden und Medaillen, Kooperationsspiele oder Freizeit

3. Tag: Abreisetag
Vormittag: Aufräumen, Abfahrt

Programm

- ***Eröffnungsfeier der Olympiade (1.–4. Schuljahr)***
  Alle Schüler und Betreuer versammeln sich vor der Jugendherberge.
  Zeigen der Schilder
  Material: Stationsschilder für die Olympiade
  Durchführung: Einige Kinder halten die Informationsschilder zu den Partnerstationen und den Mannschaftsspielen zur Information hoch und rufen nacheinander laut die Namen der Stationen.
  Das Olympische Feuer
  Material: brennende Fackel, Musik, Lagerfeuer bzw. zweite Fackel
  Durchführung: Während Musik spielt, läuft ein Betreuer mit einer brennenden Fackel herbei. Zusammen mit allen Kindern läuft der Fackelläufer zum Lagerfeuer. Alle Kinder und der Fackelläufer stellen sich im Kreis um die Feuerstelle auf und die brennende Fackel wird im Kreis herumgegeben. Hat jedes Kind sie einmal in der Hand gehabt und weitergereicht, so zündet der Fackelläufer das „olympische Feuer“ an und eröffnet somit die Sportolympiade.
- ***Partnerolympiade (1.–4. Schuljahr)***
  Alle Stationen können sowohl im Freien als auch in Zimmern durchgeführt werden. Zunächst gibt es eine Übungsphase für die Kinder, in denen sie die Stationen testen können. Beim Wettkampf müssen zunächst alle Stationen durchlaufen werden und die Punkte werden notiert. Sind alle Stationen einmal durchlaufen, kann ein 2. oder 3. Versuch erfolgen, um sich zu verbessern. Die besten Punktzahlen werden gewertet.
  Die Materialangaben bei allen folgenden Spielen beziehen sich immer auf ein Kinderpaar.
  Station 1: Presslufthammer
  Material: 2 Stäbe, Tennisball
  Durchführung: Zwei Kinder stellen sich gegenüber auf und halten zwischen sich 2 Stäbe, auf denen ein Tennisball liegt. Sie lassen ihn durch die Stäbe rutschen und fangen ihn wieder auf.

Für jeden gefangenen Ball gibt es einen Punkt. Wird der Ball nicht mehr gefangen, so ist das Spiel zu Ende.

Station 2: Hochwasserlauf

Material: 3 Eimer

Durchführung: Eine Strecke wird mit Start und Ziel markiert. Die Partner müssen diese Strecke zusammen zurücklegen, ohne den Boden, das „Hochwasser“ zu berühren. Dazu werden die Eimer umgedreht und die Kinder steigen darauf, der jeweils hintere und „freie“ Eimer wird nach vorne gestellt, sodass sie Schritt für Schritt vorwärts kommen, bis sie das Ziel erreicht haben. Stürzt ein Kind ab, ist das Spiel zu Ende. Einen Punkt gibt es für jeden Schritt.

Station 3: Ball-Akrobaten

Material: 2 Bälle; wird im Zimmer gespielt: 2 Luftballons

Durchführung: Das 1. Kind wirft seinen Ball (Luftballon) „oben herum“ zum 2. Kind, während das 2. Kind gleichzeitig „unten herum“ seinen Ball (Luftballon) zum 1. Kind wirft. Für jeden so gefangenen Ball gibt es einen Punkt. Fällt ein Ball runter, ist das Spiel zu Ende.

Station 4: Frau Holle

Material: Handtuch, Ball (im Zimmer Luftballon)

Durchführung: Zwei Kinder fassen je zwei Ecken eines Handtuchs und werfen durch Schwingen den daraufliegenden Ball (Luftballon) in die Luft und fangen ihn mit dem Handtuch wieder auf. Für jeden gefangenen Ball gibt es einen Punkt. Fällt der Ball auf den Boden, ist das Spiel beendet.

Station 5: Fangmeister

Material: Tischtennisball und Plastikbecher, Softball und Fangnetz, Tennisball und Eimer

Durchführung: Die beiden Kinder stehen sich gegenüber (Entfernung ca. 3 m). Kind 1 wirft Kind 2 den Ball zu. Kind 2 fängt ihn aber nicht mit den Händen, sondern mit dem jeweiligen Gefäß. Dabei können die Kinder selbst den Schwierigkeitsgrad wählen. Pro Fang gibt es Punkte: für Tischtennisball und Plastikbecher 3 Punkte, für Softball und Fangnetz 2 Punkte, für Tennisball und Eimer 1 Punkt. Fällt der Ball daneben, endet das Spiel.

Station 6: Insel-Hüpfen

Material: 2 Teppichfliesen

Durchführung: Die Partner hüpfen gleichzeitig von Teppichfliese zu Teppichfliese und ziehen die hintere immer wieder nach vorn, um eine Strecke zurückzlegen. Pro Sprung gibt es einen Punkt. Trifft ein Kind beim Sprung nicht die Fliese, bedeutet das das Ende des Spiels.

Station 7: Ballmagnet

Material: Basketball

Durchführung: Die Partner müssen einen Ball zwischen ihre Hüften nehmen und so eine Strecke zurücklegen. Für jedes Durchlaufen der Strecke gibt es einen Punkt. Fällt der Ball zu Boden, endet das Spiel.

Station 8: Fußangel

Material: Seil

Durchführung: Kind 1 hält das Seil bodennah in einer Hand und dreht sich im Kreis. Kind 2 stellt sich so hin, dass es bei jeder Umdrehung einmal über das Seil springen muss. Für jeden korrekten Sprung gibt es einen Punkt. Wird das Seil nicht richtig übersprungen, ist das Spiel zu Ende.

- ***Mannschaftsolympiade (1.–4. Schuljahr)***

Es wird eine gerade Anzahl an Mannschaften gewählt. Zunächst gibt es eine Übungsphase, in der die Mannschaften die Stationen üben können. Anschließend spielt jede Mannschaft jedes Spiel gegen eine ausgeloste Gegnermannschaft.

Völkerball

Material: Softball oder Volleyball, Spielfeld

Durchführung: Entsprechend den Völkerball-Spielregeln treten zwei Mannschaften gegeneinander an. Das Gewinnerteam bekommt einen Mannschaftspunkt.

Ball über die Schnur
Material: Schnur, Ball
Durchführung: Eine Mannschaft steht rechts die andere links von der gespannten Schnur. Der Ball wird immer hin und her gespielt, ähnlich wie beim Volleyball, nur dass hier geworfen und gefangen und nicht gepritscht und gebaggert wird. Fällt der Ball zu Boden, erhält die gegnerische Mannschaft einen Punkt. Das Spiel endet bei 15 Punkten. Die Siegermannschaft erhält einen Mannschaftspunkt.
Fußball
Material: zwei Tore, Fußball
Durchführung: Entsprechend den Fußballregeln wird ein Spiel mit 20–30 Minuten Länge ausgetragen. Der Sieger bekommt einen Mannschaftspunkt.

- ***Siegerehrung (1.–4. Schuljahr)***
  Material: Urkunden (s. S. 51 f./(◎)), Medaillen (Bierdeckel/runde Tonpapierscheiben, Glanzpapier in Gold, Silber und Bronze, Geschenkpapierband)
  Herstellung: Die ersten drei Plätze können auf der Urkunde benannt werden, alle anderen sind 4. Sieger. Als Medaillen werden die Bierdeckel/Tonpapierscheiben mit Glanzpapier eingeschlagen. Ein Loch wird hindurchgestochen und das Geschenkpapier als Kette zum Umhängen befestigt.
  Durchführung: Zur Siegerehrung kann wieder das olympische Feuer entfacht werden (s. o.). Eine Siegertribüne kann in Form von Tischen und Stühlen aufgebaut werden. Dann werden die Urkunden und Medaillen verliehen. Die Atmosphäre ist besonders feierlich, wenn die Siegerehrung bei Dunkelheit sattfindet.

Kooperationsspiele

(weitere Kooperationsspiele s. auch S. 18 ff.)
Alle Spiele sind geeignet für das 1.–4. Schuljahr.

- ***Halt mich!***
  Material: /
  Durchführung: Dieses Spiel erfordert eine gerade Teilnehmerzahl! Im Kreis herum wird abgezählt: „1“, „2“, „1“, „2“ usw. Alle halten sich fest an den Händen, die Füße stehen fest zusammen nebeneinander auf dem Boden. Auf ein Kommando lassen sich gleichzeitig alle mit angespannten Muskeln (Ganzkörperspannung) nach vorn („Einer“) bzw. nach hinten („Zweier“) fallen. Dadurch entsteht – gehalten von den Armen der jeweiligen Nachbarn – eine Art Zick-Zack-Linie. Auf ein erneutes Kommando wechseln alle gleichzeitig ihre Position („Einser“ nach hinten, „Zweier“ nach vorn). Mit etwas Übung kann versucht werden, möglichst oft und schnell die Positionen zu wechseln.

- ***Routenplaner***
  Material: Ball
  Durchführung: Die Kinder stehen im Kreis, der Ball wird kreuz und quer von einem zum anderen geworfen. Alle müssen sich merken, von wem sie den Ball zugeworfen bekommen haben und zu wem sie ihn weitergeworfen haben. Nach einiger Zeit wird die Runde beendet und eine neue eingeleitet: Der Ball wird wieder auf die Reise geschickt – in der gleichen Reihenfolge wie in der ersten Runde. Nach und nach werden nun immer mehr Bälle in die Runde gegeben.
- ***Mühle***
  Material: 9 Hocker oder Stühle
  Durchführung: 9 Hocker oder Stühle werden in drei Reihen hintereinandergestellt, sodass ein 3x3 Quadrat entsteht. Zwei Mannschaften mit je 3 Kindern treten gegeneinander an. Jedes Kind einer Mannschaft bekommt eine Nummer (1–3). Zunächst besetzen die Kinder abwechselnd (Team A1, Team B1, Team A2 …) die Stühle. Anschließend versuchen sich die Kinder umzusetzen, sodass sie eine Mühle bilden (3 einer Mannschaft sitzen senkrecht, waagerecht oder diagonal in einer Reihe). Das Umsetzen erfolgt auch abwechselnd (Team A1, Team B1, Team A2

...). Während des Umsetzens darf nicht gesprochen werden, jede Verständigung – auch mit den Augen – muss unterbleiben. Hat eine Mannschaft eine Mühle gebildet, hat sie gewonnen.

- ***Reifenkette***
  Material: 2 Gymnastikreifen
  Durchführung: Die Kinder stehen in einer Reihe und halten sich an den Händen. Nun versuchen sie, so schnell wie möglich einen Gymnastikreifen vom ersten bis zum letzten Kind durchlaufen zu lassen, ohne sich dabei loszulassen. Der erste steigt mit den Füßen hinein und schiebt den Reifen über Körper und Kopf, sodass der Reifen zum Nachbarn fällt ... Das Spiel kann auch in 2 Mannschaften gegeneinander gespielt werden.
- ***Schattenlaufen***
  Material: /
  Durchführung: Spieler B ist 5 Minuten der Schatten von Spieler A: Er läuft genau hinter ihm her und macht alle Bewegungen möglichst präzise nach. Nach 5 Minuten werden die Rollen gewechselt.
- ***Streichholznest***
  Material: je Gruppe eine Streichholzschachtel, eine Flasche
  Durchführung: Die Kooperationsaufgabe für jede Gruppe ist eigentlich ganz einfach: Abwechselnd soll jeder in der Gruppe ein Streichholz auf den Flaschenhals legen, sodass ein „Steichholznest" entsteht. Man darf in der Gruppe nicht miteinander sprechen, soll sich aber untereinander helfen, z. B. durch Zeigen auf eine Stelle, wo noch ein Holz hingelegt werden kann. Fallen Streichhözer herunter, so müssen diese anschließend wieder aufgelegt werden. Schafft jede Gruppe alle Hölzer?

Das Leben der Ritter

Unterbringung

Bei diesem Thema wäre es natürlich optimal, in einer Burg oder in der Nähe einer Burg (z. B. die Burg Hessenstein am Edersee oder die Saalburg im Taunus) zu wohnen bzw. ein Museum zu diesem Thema in der Nähe zu haben. In den meisten deutschen Städten gibt es mittelalterliche Feste, vielleicht kann der Klassenfahrtstermin auch mit solch einem Termin verknüpft werden (Infos im Internet z. B. unter www.spectaculum.de).

Vorbereitung im Unterricht, 1./2. Schuljahr

- ***Sachunterricht:*** Burgen bauen
- ***Musikunterricht/Klassenfahrtslied:*** „Ritter Rost", Felix Janosa (s. S. 53)
  „Die alten Rittersleut", Karl Valentin, bearbeitet von Heike Schrader

Vorbereitung im Unterricht, 3./4. Schuljahr

- ***Deutschunterricht:*** Schriften aus dem Mittelalter
- ***Sachunterricht:*** Leben im Mittelalter
- ***Musikunterricht/Klassenfahrtslied:*** s. 1./2. Schuljahr

Konkreter Ablauf: 3. Schuljahr

1. Tag: Anreisetag
Vormittag: Zimmerbelegung
Nachmittag: Erklärung der Ritterstationen, Spaziergang zur Orientierung
Abend: Freizeit

2. Tag: Ritter-Informationstag
Vormittag: Arbeit an den Ritterstationen
Nachmittag: Ritterbuch-Ausstellung oder Besichtigung einer Burg/eines Museums, Freizeit
Abend: Freizeit

3. Tag: Rittertag
Vormittag: Arbeit an den Ritterstationen
Nachmittag: Basteln eines Ritterhelms, Einladung zum Ritterfest lesen
Abend: Ritterfest, Urkundenverleihung

4. Tag: Abreisetag
Vormittag: Aufräumen, Abfahrt

Programm

Alle Programmpunkte sind für die Klassenstufen 1–4 geeignet.

- ***Ritterstationen***
  Die Kinder können die Stationen in beliebiger Reihenfolge durchlaufen und sowohl allein als auch mit einem Partner bearbeitet werden. Es bietet sich auch an, dass die Stationen in Gruppen bearbeitet werden. Jede Gruppe kann dafür ihr eigenes Wappen entwerfen.

Station 1: Eine Burg bauen
Material: Klötze oder Tonkarton, Schere und Wolle
Durchführung: Die Kinder können entweder aus Klötzen oder aus Tonkarton eine Burg bauen. Türme und der Burggraben sollten dabei nicht fehlen. Zu der aus Tonkarton gefertigten Burg kann auch noch mit Wolle eine Zugbrücke hergestellt werden. Der Fantasie der Kinder sind keine Grenzen gesetzt. Es können entweder eine große, gemeinschaftliche oder viele kleine, individuelle Burgen entstehen.
Station 2: Ein Kettenhemd basteln
Material: Draht, Zange
Durchführung: Mit einer Zange kann von dem Draht ein Stück abgezwickt werden. Daraus wird dann ein Ring gedreht. Jedes Kind bzw. jede Partnergruppe kann ein Stück des Hemdes beisteuern und die Ringe ineinanderschlingen. Vielleicht entsteht am Ende dann ein Kettenhemd, das tatsächlich anprobiert werden kann.
Station 3: Wappen malen
Material: Papier oder weiße Pappe, Filzstifte, Wachsmalstifte oder Wasserfarben, Pinsel, Schere
Durchführung: Jedes Kind bzw. jede Kleingruppe denkt sich ein Motiv für ihr Wappen aus und gestaltet es.
Station 4: Ein Schutzschild basteln
Material: große weiße Pappe, Schere, Filzstifte, Wachsmalstifte oder Wasserfarben, Pinsel
Durchführung: Aus der großen weißen Pappe wird mit der Schere ein Schild zugeschnitten. Es kann entweder mit dem gleichen Motiv des Wappens oder einem anderen verziert werden. Als Griff wird ein langes, rechteckiges Stück Pappe auf der Rückseite des Schildes oben und unten fixiert.
Station 5: Schreiben wie im Mittelalter
Material: Federn, Tusche, Papier
Durchführung: Nach einigen Probewörten mit Feder und Tusche können sich die Kinder auch ein mittelalterliches Gedicht ausdenken oder sie schreiben eines ab (s. S. 54).

- ***Ritterbuch-Ausstellung: Stöbern, Vorlesen, Lesen***
  Material: mitgebrachte Ritterbücher der Kinder und Betreuer
  Durchführung: Alle Kinder tauschen ihre mitgebrachten Lexika, Lesegeschichten, Was-ist-was-Bücher etc. aus und können darin stöbern, sich gegenseitig vorlesen oder still lesen. Es hat sich in der Vergangenheit gezeigt, dass viele Kinder einen großen Fundus an Ritterliteratur haben, da das Thema für sie sehr spannend und interessant ist.
- ***Basteln eines Ritterhelms bzw. eines Burgfräuleinhuts***
  Material: vorgefertigter Bastelsatz zum Basteln des Ritterhelms bzw. Burgfräuleinhuts von Labbé Verlag (10 Helme für 12,20 €, Bestellnr. 8325, 10 Hüte für 12,20 €, Bestell-Nr. 8326; www.labbe.de)
  oder Tonpapier, Papiertüten, Federn, Schere, Klebstoff etc.
  Herstellung: Der Helm kann entweder nach fertiger Bauanleitung oder nach eigener Fantasie mit aufklappbarem Visier oder Verstrebungen gebastelt werden. Der Burgfräuleinhut kann ähnlich eines Feenhuts aus Tonpapier (als Kegel formen und zusammenkleben) gebastelt werden.
- ***Einladung zum Ritterfest***
  Material: Einladung für jedes Zimmer (s. S. 54), Briefumschläge
  Durchführung: Die Einladungen werden jeweils auseinandergeschnitten und die Puzzleteile in einen Briefumschlag gesteckt. Jedes Zimmer bekommt einen Einladungsbrief wortlos überreicht. Die Kinder müssen die Karte zusammenpuzzlen und lesen.
- ***Ritterfest***
  Verkleidung
  Betreuer und Kinder tragen ihre Helme/Hüte und Schutzschilder
  Eröffnung
  Das Ritterfest wird von einem Betreuer offiziell eröffnet, indem er z. B. von einer Schiftrolle nochmals die Einladung vorliest und die einzelnen Ritterspiele ankündigt.
  Einteilungsspiel der Mannschaften
  Material: Karten mit gleich vielen roten und blauen Wappen, (mittelalterliche) Musik
  Durchführung: Jedes Kind bekommt eine Karte. Die Musik wird angestellt und die Kinder tauschen ihre Karten untereinander. Stoppt die Musik, darf nicht mehr getauscht werden. Nun sammeln sich die beiden Mannschaften.

Hat man ausreichend Zeit, können sich die beiden Mannschaften jeweils ein eigenes Wappen basteln und sich einen Namen für ihr Team ausdenken.

Ritterspiele (s. u.)

Zu jedem Spiel gibt es eine kleine Rittergeschichte vorab, um die Kinder einzustimmen. Anschließend wird je ein Kind der blauen und ein Kind der roten Mannschaft ausgewählt, die gegeneinander antreten. Diese Kinder suchen einen weiteren Spieler ihrer jeweiligen Mannschaft aus, der das gleiche Spiel nochmal spielt. So nimmt jedes Kind an mindestens einem Spiel teil. Bei jedem Spiel gibt es für die Gewinnermannschaft einen Punkt. Am Schluss werden zur Ermittlung der Siegermannschaft alle Punkte zusammengezählt. Man kann mit den Kindern zusammen auch noch weitere Ritterspiele wie bspw. „Prinzessin befreien" oder „Drachen töten" erfinden. Meist bietet das Gelände viele Möglichkeiten für Verstecke und Ideen.

Urkundenverleihung

Material: Urkunde für jedes Kind (s. S. 55/◎), ggf. Holz- oder Pappschwert

Durchführung: Jedes Kind bekommt eine Urkunde. Bei der Überreichung kann es mit einem Holz- oder Pappschwert symbolisch zum Ritter geschlagen werden. Dafür kniet sich der Schüler vor den Betreuer, der ihm das Schwert auf die rechte und die linke Schulter auflegt.

Ritterspiele

- ***Laken ziehen***
  Geschichte: Vom Burghof erklingen Trompeten. Gemeinsam eilen alle Ritter und Burgfräulein zum Tor, das heute weit offen steht. Die restliche Festgesellschaft ist bereits im Hof versammelt. Sogleich wird das erste Ritterspiel verkündet: Laken ziehen. Dazu bitte ich Ritter Konrad und Ritter Rufus auf den Kampfplatz.
  Material: ein Laken, Luftballons
  Herstellung: Ballons aufblasen, Laken ausbreiten
  Durchführung: Ein Laken wird von den beiden Rittern gespannt. In der Mitte des Lakens liegt ein Ballon. Wer es schafft, den Ballon zu sich heranzuholen und ihn dann zu zertreten, gewinnt einen Punkt.
- ***Fang die Maus***
  Geschichte: Auf der Burg Hessenstein haben sich Mäuse eingenistet. Die Ritter müssen sie fangen, damit die Burgfräulein endlich aufhören zu schreien und wieder von den Tischen und Stühlen herunterklettern. Außerdem futtern die Mäuse alle Lebensmittelvorräte weg.
  Material: 2 Plastikbecher, Wolle, 2 Plastikmäuse (alternativ Holzkugel als Maus bemalt), Klebeband
  Herstellung: Die Maus wird an einem 30–50 cm langen Wollfaden an den Fangbecher geklebt.
  Durchführung: Die Maus muss hochgeschleudert werden und mit dem Becher gefangen werden. Die Mannschaft, dessen Spieler dies als erstes schafft, bekommt den Punkt.
- ***Das freche Burggespenst***
  Geschichte: In der Burg haust ein freches Burggespenst, das sich immerzu neue Streiche ausdenkt. Neulich erst hat es den alten Ritter Kunibert so erschreckt, dass ihm seine Hose bis zu den Knien heruntergerutscht ist. Ritter Kunibert konnte kaum noch weglaufen. Jetzt bist du an der Reihe, kannst du dem Burggespenst entwischen?
  Material: zwei Tücher/Schals, Markierungen
  Herstellung: Eine Strecke wird mit den Markierungen abgegrenzt.
  Durchführung: Beide Ritter bekommen ein Tuch um die Knie gebunden. Nun müssen sie die Strecke ablaufen und dürfen dabei das Tuch nicht verlieren. Wer zuerst ankommt, gewinnt.
- ***Riesige Mumien im Burgverlies***
  Geschichte: Ein Ritter bekam es mit der Angst zu tun. Er sollte aus dem Burgkeller ein Fass Honigwein holen. Dabei hat er riesige Mumien entdeckt. Die anderen Ritter versuchten, ihn zu beruhigen und ihm zu erklären, dass das wohl nur wieder ein Scherz des frechen Burggespenstes gewesen sein kann. Um es ihm zum beweisen, wollen sie sich selbst in riesige Mumien verwandeln.
  Material: Toilettenpapierrollen
  Durchführung: Bei diesem Spiel treten immer Paare der Mannschaften an. Auf ein Kommando wickelt ein Kind jeweils den Partner mit dem Toilettenpapier ein. Dabei beginnen sie an den Beinen. Wer zuerst am Kopf angekommen ist, hat gewonnen.

- ***Leckere Spinnen***
  Geschichte: Im Burghof leben zahlreiche Katzen, die die Burg von Mäusen freihalten. Doch heute sollen die Katzen die Spinnen fangen, die ein riesiges Netz gespannt haben. Das Netz ist so groß, dass die Ritter kaum noch an ihm vorbeikommen. Jede Katze muss eine Spinne verspeisen.
  Material: Weingummitiere, Faden, Stoppuhr
  Herstellung: Die Gummitiere werden an einen ca. 30–50 cm langen Faden angeknotet.
  Durchführung: Die Betreuer halten den Faden mit dem Weingummi etwas über der Körpergröße des Ritters. Der muss die baumelnde „Spinne" mit dem Mund „fangen". Die Zeit, die er braucht, um alle Spinnen zu fangen, wird gestoppt. Der schnellere Ritter gewinnt.
- ***Die Ritter sind müde***
  Geschichte: Die Ritter sind müde vom langen Feiern. Jeder nimmt sich seinen Kerzenleuchter, um damit zu seinem Schlafgemach zu laufen. Doch in der Burg zieht es durch alle Ritzen und Fenster. Oft pustet der Wind die Kerzenflamme aus. Dann muss sich der Ritter im Dunkeln zurück zum Saal tasten und seine Kerze dort wieder anzünden.
  Material: Kerzen im Kerzenhalter
  Durchführung: Die beiden Ritter müssen eine Strecke mit der Kerze in der Hand zurücklegen. Der Rest der Mannschaften darf sich jeweils neben der Strecke des Gegners aufstellen und versuchen, die Kerzen auszupusten. Erlischt eine Kerze, muss der Spieler zum Startpunkt zurück und sie sich wieder anzünden lassen. Wer zuerst mit brennender Kerze ankommt, ist Sieger.

Wir machen Zirkus

Für das Thema „Zirkus" werden sehr viele Requisiten benötigt. Daher ist eine Anreise mit der Bahn oder dem Fahrrad nicht geeignet, es sei denn, ein Fahrer bringt die Sachen vorab zum Ziel. Zur Lagerung der Requisiten ist gegebenenfalls vorher eine Absprache mit der Unterkunft nötig.

Vorbereitung im Unterricht, 1.–4. Schuljahr

- ***Sportunterricht:*** Gymnastik, Akrobatik, Turnen
- ***Musikunterricht/Klassenfahrtslied:*** „Zirkusboogie", FERRI (Georg Feils) (s. S. 56)

Konkreter Ablauf: 3. Schuljahr

1. Tag: Anreisetag
Vormittag: Zimmerbelegung
Nachmittag: Einwahl in die Zirkusnummern, Spaziergang zur Orientierung
Abend: Freizeit
2. Tag: Trainingstag
Vormittag: Üben und Basteln in den Zirkusgruppen
Nachmittag: Üben und Basteln in den Zirkusgruppen, Freizeit
Abend: Freizeit
3. Tag: Zirkustag
Vormittag: Üben und Basteln für den Zirkus
Nachmittag: Üben und Basteln für den Zirkus
Abend: Aufführung
4. Tag: Abreisetag
Vormittag: Aufräumen, Abfahrt

Programm

- ***Einwahl in die Zirkusnummern (1.–4. Schuljahr)***
  Material: /
  Durchführung: Die Betreuer stellen ihre Zirkusgruppen vor (ggf. kann ein Betreuer auch mehrere Gruppen leiten). Anschließend teilen sich die Kinder in die Gruppen auf. Es sollte darauf geachtet werden, dass die Gruppen ungefähr gleich groß sind.
  Folgende Zirkusnummern stehen zur Auswahl: Clowns, Akrobatik mit Seiltanz, Zauberer, Raubtiere
  Weitere geeignete Zirkusgruppen wären: Gewichtheber, Seehunde, Jongleure, Pferde

Die Zirkusnummern (1.–4. Schuljahr)

In Kleingruppen wird der Ablauf besprochen, die Rollen verteilt und benötigte Requisiten gebastelt. Durch Vorübungen und Sammeln der Ideen der Kinder können auch eigene Zirkusnummern entstehen. Hinleitende Fragen etc. zu einer Ideensammlung werden hier mit aufgeführt.

Die vorgestellten Choreografien können natürlich durch eigene Ideen ersetzt werden.
Noch ein wichtiger Hinweis: Bevor die Kinder anfangen, ihre jeweiligen Choreografien zu üben, ist es wichtig, dass sie sich gut aufwärmen (ca. 10–15 Minuten), um Verletzungsgefahren vorzubeugen und die allgemeine Bewegungsfähigkeit zu verbessern.

- ***Clowns***

  Ideensammlung

  Was ist das typische Verhalten eines Clowns? (Übertreibungen wie riesige Freude, jämmerliches Weinen; Gebrauchsgegenstände sind winzig oder riesig, z. B. Klobürste als Clown-Zahnbürste etc., Verwechslungen durch Schwerhörigkeit und dadurch Missverständnisse, Requisiten sind manipuliert; nuscheln, stolpern, andere ärgern wie ohrfeigen, treten)
  Welche Situationen eignen sich zum Vorspielen? (morgendliches Aufstehen, Geburtstagsfeier, Reparatur oder gemeinsames Arbeiten, einen Streich spielen und flüchten, mit dem Publikum zaubern, ein Gesellschaftsspiel)
  Was müssen wir üben? (nuscheln, stolpern, Pantomime, Grimassen, Akrobatik, hinfallen/ohrfeigen/treten, ohne anderen wehzutun)
  Wie müssen wir uns kostümieren und schminken? Was benötigen wir dazu?

  Clownsnummer für 7 Kinder

  Die Clowns (C) kommen auf die Bühne und legen sich auf den Boden, dazu wird Musik gespielt.
  C 1 erwacht, zeigt die Pappuhr mit 8 Uhr hoch und weckt alle anderen.
  C 6 und 7 bleiben trotzdem liegen.
  C 1 nimmt einen Waschlappen und wäscht dem liegen gebliebenen C 6 über das Gesicht.
  C 6 erschreckt sich und springt auf.
  C 2 putzt sich mit einer Klobürste und Wasser die Zähne.
  Alle stellen sich im Kreis auf und tuscheln.
  C 3 zeigt auf den schlafenden C 7 und verkündet dem Publikum:
  „Wir bereiten eine Party für das Geburtstagskind vor!“
  C 3 versucht Luftschlangen aufzupusten, aber es klappt nicht.
  C 4 tritt C 3 in den Po.
  C 5 bläst einen Luftballon auf und lässt ihn los, er fliegt durchs Publikum.
  C 3 und C 5 versuchen, eine Girlande zu basteln, machen aber nur lauter „Girlandenschnipsel“.
  C 6 tobt mit einem Luftballon über die Bühne.
  C 4 rennt hinter C 6 her und ruft mit dem Zeigefinger drohend: „Wenn du jetzt nicht endlich mithilfst beim Schmücken ...“
  C 6 fällt auf den Boden und der Luftballon platzt.
  C 6 nimmt C 1 Huckepack, die beiden stürzen.
  C 1 zündet eine Kerze an.
  C 3 weckt C 7 und ruft: „Hey, aufstehen!“
  C 7 schreckt hoch und versucht, die Kerze auszupusten, es gelingt ihm aber nicht.
  C 1 hilft.
  C 6 spielt auf der Mundharmonika, alle singen: Happy birthday!
  C 3 ruft: „Die Party beginnt!“ und alle stimmen in das Lied mit ein.

  Requisiten

  C 1: Pappuhr, nasses Tuch oder Waschlappen, Luftballon, Stuhl mit Kerze, Feuerzeug
  C 2: Eimer mit Wasser und Klobürste oder Haushaltsbürste
  C 3: Luftschlange, Pappschere, Girlande
  C 4: /
  C 5: Luftballon, Schere, Girlande
  C 6: aufgeblasener Luftballon, Mundharmonika
  C7: /
  Kostüme und Schminke für alle Kinder

  Basteln der Requisisten/Maske

  1. Pappuhr
  Material: weiße Pappe, Stift, Schere, Musterklammer
  Herstellung: Aus weißer Pappe wird ein Kreis ausgeschnitten. Auf diesen Kreis wird eine Uhr gezeichnet (Stunden, Minuten- und Stundenzeiger).
  2. Kostüme:
  Material: bunte Hosen, Westen, Pullis, Strümpfe, Hosenträger
  Herstellung: Viele bunte Kleider werden zum Clownkostüm zusammengestellt. Hosen können hoch gekrempelt werden. Die Pullis können auch falsch herum angezogen werden.

3. Schminke:
Material: Theaterschminke, evtl. Papier, Stifte zum Testen
Durchführung: Eine Vorlage wird zunächst mit Stiften auf Papier vorgezeichnet. Anschließend wird das Gesicht entsprechend geschminkt. Viel Spaß macht es den Kindern, sich gegenseitig zu schminken.

- ***Akrobatik***

Ideensammlung

Was ist Akrobatik? (Geschicklichkeits- und Gelenkigkeitsformen des Körpers, Kraft- und Schnellkraftkunststücke)
Welche Kunststücke gibt es? (Arkobatik auf Geräten, Seilen, Pyramidenbau, Schlangenmensch, Bodenakrobatik)
Welche Kunststücke eignen sich zum Vorspielen? (Sprünge, Spagat, Rolle, Pyramide)
Welche Kostüme benötigen wir? (Gymnastikkleidung)

Akrobatiknummer für mindestens 5 Kinder

Rolle vorwärts
- Alle Kinder machen die Rolle vorwärts in eine Richtung.
- Kinder stellen sich in 2 Reihen „auf Lücke“ gegenüber auf: Rolle vorwärts aneinander vorbei.
- Rolle vorwärt aus vier verschiedenen Richtungen aufeinander zu (Kreuz).
- Rolle vorwärts mit Luftballonplatzen: Dazu wird ein Luftballon mit einer Kordel um den Bauch geschnallt, der bei der Rolle vorwärts und den engen Bewegungen platzt.

Mehrfachrollen
- Doppelrolle: Immer 2 Kinder turnen zusammen. Kind A liegt auf dem Boden. Über seinem Kopf steht Kind B und fasst die hochgehobenen Beine von Kind A an den Knöcheln. Kind A hält die Knöchel von Kind B. Kind B macht nun zwischen den gegrätschten Beinen von Kind A eine Rolle, lässt dabei die Knöchel von Kind A nicht los (s. Grafik rechts oben) . Dadurch wird Kind A hochgezogen und macht dann eine Rolle zwischen die Beine von Kind B ...

- Kettenrolle: Kind A liegt auf dem Boden. Links und rechts neben ihm stehen zwei Kinder (B und C) und halten jeweils mit der inneren Hand ein nach oben gestrecktes Bein von Kind A. Kind A hält sich an den inneren Fesseln der beiden Stehenden fest. Auf ein Kommando machen Kind B und C gleichzeitig eine Rolle und halten dabei weiterhin die Beine von Kind A fest. Dadurch wird Kind A hochgezogen und kann eine Rolle machen … Die Kettenrolle kann auch mit 5, 7 … Kindern durchgeführt werden.

Freiheitsstatue: Ein Kind kniet, ein anderes Kind steht auf seinem Rücken und breitet die Arme aus.
Pyramide: 3 Kinder knien und 2 Kinder stehen auf deren Rücken.
Big Mac: Alle Kinder legen sich übereinander zu einem Turm.
Seiltanz: darübergehen, darübergehen mit Knicks, darübergehen mit halber oder ganzer Drehung, hochspringen, rückwärtsgehen, darübergehen mit Schirm: schwingen von rechts nach links, schwingen um den Körper, schwingen unter den Beinen durch …

Requisiten

Zwei nebeneinanderliegende Mattenbahnen, Luftballon, evtl. Raumschmuck (Girlanden ...), Seil, Schirme, Gymnastikkleidung, Rock aus Tüll

- ***Raubtier-Dressur***

Ideensammlung

Tiergeschichten erzählen, Tierspiele spielen.
Wie sehen Raubtiere aus, wie bewegen sie sich?
Welche Showelemente gibt es? (Reinkommen, Kreis, Podest, Männchen, springen, Reifen)
Welche Kostüme werden benötigt? (Dompteur, Tiger)

Tiger-Dressur für 5–7 Kinder

Dompteur und Tiger marschieren zu Musik ein, der Dompteur geht vor, die Tiere hinter ihm.
Die Tiger laufen hintereinander im Kreis, bei der 2. Runde setzen sie sich auf ihre Podeste, die im Halbkreis aufgestellt sind.
Der Dompteur steht in der Mitte. Jeder Tiger geht einzeln zu ihm und macht „Männchen" o. Ä., dann setzen sie sich wieder auf ihr Podest.
Die Tiger springen gleichzeitig von ihrem Podest zu dem des rechten Nachbarn (ein leerer Hocker neben dem äußersten Tiger auf der rechten Seite muss aufgestellt werden).
Einige Tiger springen durch einen Reifen.
In die Mitte werden zwei Podeste gestellt. Ein Tiger springt durch einen Reifen von Podest zu Podest.
Ein Tiger legt sich hin, der zweite steigt vorsichtig darüber, legt sich dazu, der dritte steigt darüber, legt sich hin …
Alle Tiger drehen sich auf dem Podest, einer weigert sich. Der Dompteur versucht, ihn zu animieren. Wenn er entnervt aufgibt und sich wegdreht, wird er von dem Tiger getreten.
Der Dompteur schickt die Tiger von der Bühne. Alle gehen hinaus, nur einer nicht: Er schläft auf seinem Podest und braucht mehrere Aufforderungen und Schubser.

Requisiten

Musik, Podeste (Hocker), Reifen, Dompteurstab, Kostüme

Basteln der Requisiten/Maske

<u>Podeste</u>

Material: Hocker oder Schemel, Tonkarton, Wachsmalstifte, Schere, Klebeband
Herstellung: Die Hocker werden mit dem Tonkarton verkleidet und mit Wachsmalstiften angemalt.

<u>Reifen</u>

Material: Gymnastikreifen, Krepppapier, Klebeband
Herstellung: Die Gymnastikreifen werden mit Krepppapierstreifen umwickelt und mit dem Klebeband fixiert.

<u>Dompteurstab</u>

Material: Stab oder Stock, Krepppapier, Klebeband
Herstellung: Der Stab wird mit Krepppapierstreifen umwickelt und mit dem Klebeband fixiert.

<u>Tiger-Kostüme</u>

Material: braune und beige Kleidung; für die Tiger-Masken: Vorlage (s. S. 58), Tonkarton in Orange, Tonkartonreste in Schwarz, Rosa, Weiß, Hutgummi, Locher, Lochverstärker, Klebstoff
Herstellung: Die Tiger kleiden sich in braunen Farbtönen.
Die Masken: Die Vorlage auf orangen Tonkarton übertragen und ausschneiden. Augenausschnitte mit kleiner Schere oder Cutter entfernen. Ohrinneres aus rosa Tonpapier schneiden, Schnäuzchen und Tigerstreifen aus schwarzem Tonpapier und Mittelstück aus weißem Tonpapier arbeiten, alles aufkleben. Aus schwarzem Tonkarton ein paar schmale Streifen für die Schnurrbarthaare schneiden. Schnurrbarthaare aufkleben. Löcher für den Gummi ausstanzen (Locher), von beiden Seiten Lochverstärker aufkleben. Gummi anmessen und an den Löchern festknoten.
Natürlich können die Tiger auch, statt eine Maske aufzusetzen, geschminkt werden.

<u>Dompteur-Kostüm</u>

Material: schwarzes Jackett und Hut oder schwarzes Krepppapier, weißes Hemd, große Nadel, Wolle
Herstellung: Der Dompteur benötigt ein weißes Hemd und ein schwarzes Jackett oder einen Umhang und Hut. Den Umhang kann man auch aus Krepppapierstücken selbst machen. Dazu schneidet man aus dem Krepppapier ein großes Rechteck aus und fädelt am oberen Rand mit einer großen Nadel in Auf- und Abbewegungen Wolle ein. Wenn man die Wolle etwas zuzieht, ist der Umhang fertig und kann vorne gebunden werden.

- ***Zauberer***

Ideensammlung

Was ist aus der Zauberei bekannt? (Regeln, Rituale, Magie)
Was macht Zauberei aus? (bunte Requisiten, Fingerfertigkeit, viel Üben, das Drumherum als Ablenkungsmanöver, Zaubersprüche, Zauberkästen)
Welche Kunststücke können wir vorbereiten? (Zauberkunststücke am Tisch, mit Gegenstän-

den, mit Menschen …)
Welche Kostüme benötigen wir? (Zauberer mit Hut und Umhang, Zauberstab)

Zaubernummern für 3–5 Zauberer

1. Die Zerteilung des Menschen

Material: Zwei zusammengeklebte, rollbare Kisten (Rollbretter) mit Deckel und Öffnungen an Kopf- und Fußende, Tonkarton, Schere, Klebstoff, zwei Paar gleiche Schuhe, Plastikmesser

Herstellung: In beide Kisten wird am einen Ende ein großes Loch für Kopf und Füße eingeschnitten. Die Kisten können mit Motiven wie Sterne, Zaubergegenstände o. Ä. verziert werden.

Durchführung: Ein Kind steigt schon vorher in den Fußteil. Dann wird die Zauberkiste auf die Bühne gerollt. Ein Kind (eingeweiht) aus dem Zuschauerraum steigt in die Kiste (Kopfteil, Füße ragen nicht in den Fußteil), die Kiste wird verschlossen. Der Kopf und die Füße (des zweiten Kindes) werden an beiden Öffnungen hinausgestreckt. Zum Beweis der Ganzheit wird an den Füßen gekitzelt und das Kind, dessen Kopf man sieht, lacht. Nun werden „scharfe Messer" in die Mitte zwischen den Kisten hineingestoßen und die Kisten getrennt (Die Kinder verharren in ihren Positionen). Zum Schluss wird alles wieder zusammengefügt und das Kind steigt wieder aus der Kiste aus. Gleichzeitig zieht das versteckte Kind seine Füße aus der Öffnung des Fußteils zurück.

2. Das schwebende Kind

Material: große, längliche Zauberkiste (Karton, mindestens so lang wie das „schwebende" Kind), Stöcke, Strümpfe, zwei Paar gleiche Schuhe, Zeitungspapier, Gewand, Klettband, ggf. Pinsel und Plakafarbe

Herstellung: Die Strümpfe werden mit Zeitungspapier ausgestopft und in die Schuhe gesteckt. Der untere Teil des Gewandes wird mit Klettband an die Strümpfe angeheftet. Die „Beine" liegen in der Kiste. Die Kiste kann bunt angemalt werden.

Durchführung: Der Zauberer bittet ein Kind (eingeweiht, trägt die gleichen Schuhe wie die „Stockbeine") aus dem Publikum, in die Kiste zu steigen. Er zieht ihm das Gewand an. Während der Zauberer einen langen Zauberspruch murmelt, beginnt das Kind zu schweben. Es dreht sich sogar im Kreis über der Kiste herum.

Trick: Vom Kind ist durch das Gewand nur der Kopf sichtbar (s. Skizze). Es hockt sich in die Kiste, nimmt die Stockbeine in die Hand, legt den Kopf zurück und hält den Stock mit den Schuhen waagerecht, als wären es die seinen. In dieser Position kann sich das Kind auch drehen: Es sieht aus, als würde das schwebende Kind über der Kiste kreisen.

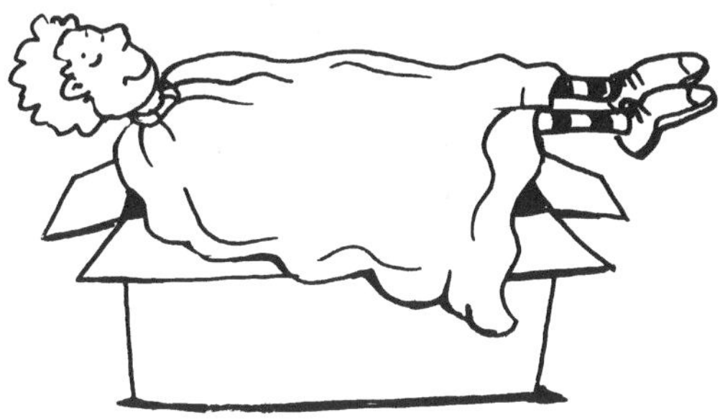

3. Kartentrick

Material: Spielkarten

Vorbereitung: Alle roten Karten eines Kartenspiels werden auf einen Stapel und alle schwarzen Karten auf einen anderen Stapel sortiert.

Durchführung: Der Zauberer bittet einen Zuschauer, eine Karte aus dem einen Stapel in den anderen Stapel zu stecken und sich diese zu merken. Der Zauberer schaut den Stapel durch und kann dem Publikum genau sagen, welche Karte der Zuschauer in dem anderen Stapel versteckt hat.

Trick: Die Karte ist leicht zu finden, denn sie hat eine andere Farbe. Zeigt man die Kartenstapel niemandem, dann werden alle staunen.

Im Indianerdorf

Vorbereitung im Unterricht, 1./2. Schuljahr

- ***Deutschunterricht:*** Lektüre „Kleiner Bruder Watomi“ von Käthe Recheis und Monika Laimgruber
- ***Musikunterricht/Klassenfahrtslied:*** „Indianersong“, Text: Volker Ludwig, Melodie: Birger Heymann
  „Indianer-Weckruf“, Text: mündlich überliefert, Melodie: Rita Mölders
  „Hao-wari“, Wiegenlied der Pawnee-Indianer nach N. Curtis (s. S. 59)
- ***Sachunterricht:*** Namen von Indianern, Aussehen und Schmuck, Arbeit und Jagd, Wohnen

Vorbereitung im Unterricht, 3./4. Schuljahr

- ***Deutschunterricht:*** Lektüre „Fliegender Stern“ von Ursula Wölfel (Lektürebegleitendes Material zu beziehen über den Persen Verlag: „Indianer-Kartei, ab 3. Klasse“, ISBN 978-3-8344-0007-9)
- ***Musikunterricht/Klassenfahrtslied:*** s. 1./2. Schuljahr
- ***Sachunterricht:*** s. 1./2. Schuljahr

Konkreter Ablauf: 4. Schuljahr

1. Tag: Anreisetag
Vormittag: Zimmerbelegung
Nachmittag: Namensgebung und Stammeinteilung, Erkundungsrallye, Spaziergang zur Orientierung
Abend: Freizeit
2. Tag: Indianer-Informationstag
Vormittag: Herstellen von Indianerschmuck
Nachmittag: Indianerbuch-Ausstellung mit Stöbern, Vorlesen, Lesen; Freizeit
Abend: Nachtwanderung
3. Tag: Indianertag
Vormittag: Tipi-Bau oder Marterpfahl-Bau, Holzsuche fürs Lagerfeuer
Nachmittag: „Aktion Wirbelwind“, Bemalung der Stammesmitglieder
Abend: Lagerfeuer, Lesen und Spielen
4. Tag: Indianer-Fährtentag
Vormittag: Fährtensuche (Schnitzeljagd mit indianischen Aufträgen)
Nachmittag: Indianerstämme studieren ein: Indianertanz, Indianerlied, Indianerrhythmus, Indianertheater
Abend: Vorführung
5. Tag: Abreisetag
Vormittag: Aufräumen, Abfahrt

Programm

- ***Gruppeneinteilung und Namensgebung (1.–4. Schuljahr)***
  Material: /
  Durchführung: Jeder Schüler denkt sich einen Indianernamen aus, mit dem er während der Fahrt gerufen wird. Da es manchen Kindern unter Umständen schwerfällt, sich einen passenden Namen auszudenken, kann die Lehrkraft Beispiele nennen: blaue Blume, singender Büffel, schleichender Fuchs, weiße Taube ...
  Um einen passenden Namen zu finden, ist es auch hilfreich, zunächst einen Steckbrief auszufüllen. Aus Fragen wie „Was mag ich?“, „Was kann ich gut?“ können dann Namen wie „schlauer Büffel“, „schneller Läufer“ etc. entwickelt werden.
  Fahren mehrere Begleitpersonen mit, so ist es auch möglich, dass Gruppen/Indianerstämme gebildet werden und jede von einem Begleiter betreut wird. Zur Identifizierung können sich die Kinder für ihre Gruppe einen Stammesnamen ausdenken. Ebenso kann die gesamte Klasse über einen gemeinsamen Stammesnamen abstimmen.
- ***Erkundungsrallye (2.–4. Schuljahr)***
  Material: Erkundungsfragen (s. S. 60), Stifte, gut sichtbare Wollfäden, Hausordnung
  Durchführung: Jeder Indianerstamm bekommt einen Stift und Erkundungsfragen ausgehändigt. Die Stämme machen sich auf den Weg, um die Antworten auf die Fragen zu finden. Zuvor wurden von den Betreuern mit den Wollfäden Grenzen auf dem Gelände festgelegt, bis wohin sich die Schüler frei bewegen dürfen (z. B. am Pfosten, Busch, Zaun, Mülleimer, Spielplatz, Bolzplatz etc.). Nach einer verabredeten Zeit kommen alle Gruppen zusammen und tauschen ihre Ergebnisse aus.
  Zu Erkundungsauftrag 2: z. B. Abfalleimer,

Bänke, Spielgeräte, Wege, Türme, Pfosten, Treppenstufen ...
Zu Erkundungsauftrag 3: z. B. Treppenstufen, Abfalleimer, Zimmer, Flure ...
Zu Erkundungsauftrag 4: z. B. Bild im Essensraum, Wappen/Logo der Jugendherberge am Empfang ...

- ***Indianerschmuck***
  (1.–4. Schuljahr)
  Das Herstellen von Indianerschmuck kann als Gruppenarbeit (in den Stämmen) oder als Stationslauf angeboten werden.
  Papiertütenwesten
  Material: braune Papier-Einkaufstüten aus dem Supermarkt in Anzahl der Kinder, Aqua-Maler oder Filzstifte, Wolle, Schere
  Herstellung: Eine Papiertüte (eventuell auf links drehen, damit die Werbung verschwindet) wird vorne, angefangen beim Griff, durch einen senkrechten Schnitt in der Mitte aufgeschnitten. Für die Arme werden links und rechts Löcher eingeschnitten. Die Papiertüte wird mit Aqua-Malern oder Filzstiften mit Indianermustern angemalt. Zum Zubinden wird eine Wollkordel (kann von den Kindern gezwirbelt werden) am vorderen Schnitt der Indianerweste angeklebt.
  Halskette, Armband oder Fußkettchen
  Material: Hutgummi, Perlen, Federn, Korken, Knöpfe und weitere Sachen zum Auffädeln, Nadeln, Schere
  Herstellung: Mithilfe der Nadel werden die Gegenstände auf das Hutgummi aufgefädelt. Je nachdem wie lang die Kette wird, wird daraus eine Halskette, ein Armband oder eine Fußkette.
  Indianerbeutel
  Material: Filz, Schere, Wolle, Nadeln, Zirkel
  Herstellung: Auf Pappe wird mithilfe des Zirkels ein Kreis gezeichnet (d = 15 cm) und anschließend ausgeschnitten. Der Kreis dient als Schablone, um aus dem Filz einen Kreis auszuschneiden. Am Rand des Filzkreises wird Wolle mithilfe der Nadel durchgefädelt und zusammengezogen. In dem Beutel kann ein Glücksbringer (Stein, Muschel ...) aufbewahrt werden.
  Lederstirnband
  Material: Lederbänder, Heißkleber, Federn
  Herstellung: Die Lederbänder werden entsprechend des Kopfumfangs mit Heißkleber verklebt. An der Stirn können eine oder mehrere Federn aufgeklebt werden.
- ***Indianerbuch-Ausstellung mit Stöbern, Vorlesen, Lesen***
  (1.–4. Schuljahr)
  Material: von den Kindern und Betreuern mitgebrachte Indianerbücher
  Durchführung: Alle Kinder tauschen ihre mitgebrachten Lexika, Lesegeschichten, Was-ist-was-Bücher etc. aus und können darin stöbern, sich gegenseitig vorlesen oder still lesen. Viele Kinder haben einen großen Fundus an Indianerliteratur, da das Thema für Kinder sehr interessant ist.
- ***Tipi-Bau***
  (3./4. Schuljahr)
  Material: Stämme aus dem Wald bzw. Stelzen oder ähnliche lange Holzstäbe, Decken, längere, dickere Kordel, Isolierband (Alternative: fertige Zelte)
  Herstellung: Aus Holzstäben wird das Gestänge für ein Tipi hergestellt. Dazu werden möglichst gleich lange Stäbe kreisförmig aufgestellt und dann schräg zur Mitte oben zu einem Kegel zusammengelegt. Diese Holzkonstruktion wird oben mit einer Kordel zusammengebunden. Das Gestänge wird mit Decken behängt, die mit Kordeln und Isolierband befestigt werden.
  Es können auch mitgebrachte Zelte aufgebaut und als Tipi behängt werden.
- ***Marterpfahl-Bau***
  (1.–4. Schuljahr)
  Material: Ytong-Steine, Messer, Feilen, Hammer und Meißel, Plakafarbe, Pinsel, Kittel
  Herstellung: Die leichten Ytong-Steine lassen sich gut mit Messer, Feile oder Hammer und Meißel von Kinderhänden bearbeiten. Die Kinder können Figuren, Tiere oder indianische Zeichen hineinschnitzen und anschließend mit Plakafarben bemalen. Übereinandergestellt ergeben die Steine einen Marterpfahl.
- ***Lagerfeuer mit Stockbrot***
  (1.–4. Schuljahr)
  Material: Gitarre, Liedtexte, Holz, längere Äste/Holzstäbe für Stockbrot
  Durchführung: Die Kinder tragen Holz vom

Waldboden für ein Lagerfeuer zusammen. Nach dem Entzünden können Lagerfeuerlieder gesungen werden. An Holzstäbe wird der Stockbrotteig gewickelt und über dem Lagerfeuer gebacken.

Stockbrot-Zutaten (für 3 Portionen): 400 g Mehl, $^1/_2$ Teelöffel Salz, 2 Teelöffel Backpulver, 50 g Margarine, $^1/_8$ l Milch

Zubereitung: Für den Stockbrotteig Mehl mit Salz und Backpulver vermischen. Margarine so lange darunterkneten, bis ein krümeliger Teig entsteht. Milch zufügen und so lange weiterkneten, bis der Teig geschmeidig, aber fest wird. Kleine Teigstücke abteilen, zu ca. 15 cm langen Rollen formen und spiralförmig überlappend um die Stöcke wickeln. Die Stockbrote in ca. 5 Minuten knusprig hellbraun backen. Den Stock mit dem Brotteig dabei drehen. Das Brot erst etwas abkühlen lassen, bevor man es vom Stock abzieht und isst.

- ***Bemalung der Stammesmitglieder (1.–4. Schuljahr)***
  Material: Theaterschminke, DIN-A4-Papier, Stifte
  Herstellung: Alle Mitglieder eines Stammes entwerfen eine spezielle Erkennungsbemalung für ihren Stamm. Die Kinder wählen aus den Entwürfen einen aus, nach dem alle Gesichter der Stammesmitglieder geschminkt werden.
- ***Fährtensuche (2.–4. Schuljahr)***
  Material: Auftragskarten (s. S. 61) mit Material in Klarsichthüllen, Pfeil mit Namen der Gruppe aus Pappe
  Durchführung: Alle Kinder treffen sich an einem Startpunkt. Auf dem Boden liegen die Pfeile aus Pappe. Auf jedem Pfeil steht ein Stammesname. Sie zeigen jeweils in verschiedene Richtungen. Jeder Stamm muss der Richtung seines Pfeils folgen und die erste Aufgabenkarte finden. Alle weiteren Auftragshüllen müssen die Kinder suchen. Die erfüllten Aufträge werden bei den Betreuern abgegeben. Wenn alle Gruppen ihre Aufträge erledigt haben, kommt die Klasse zusammen und alle Gruppen stellen ihre Ergebnisse vor.

  Mögliche Aufträge:

  <u>Indianerspielzeug</u>
  Material: Stöcke, Kordel, Arbeitskarte 1 (s. S. 61), Klarsichthülle
  Durchführung: Die Kinder bauen ein „Holzwurfgeschoss“.

  <u>Indianerbrief</u>
  Material: Brief (s. S. 62), Übersetzungskarte (s. S. 62), DIN-A4-Blatt, Stift, Arbeitskarte 2 (s. S. 61), Klarsichthülle
  Durchführung: Ein Brief mit indianischen Zeichen muss übersetzt werden.

  <u>Sammelaufgabe</u>
  Material: Arbeitskarte 3 (s. S. 61), Klarsichthülle
  Durchführung: Die Kinder sammeln die angegebenen Gegenstände.

  <u>Anschleichen</u>
  Material: Arbeitskarte 4 (s. S. 61), Klarsichthülle, Federn
  Durchführung: Die Kinder müssen sich an einen Betreuer anschleichen, der an einem bestimmten Ort sitzt, und versuchen, ihm unerkannt eine Feder zu mopsen, die hinter ihm liegt.

  <u>Malgeschichte</u>
  Material: Geschichte (s. S. 62), Blatt Papier, Stift, Arbeitskarte 5 (s. S. 61), Klarsichthülle
  Durchführung: Die Kinder sollen eine vorgegebene Geschichte mit Bildchen und Symbolen darstellen.

  <u>Indianerrätsel</u>
  Material: Rätsel (s. S. 62), Arbeitskarte 6 (s. S. 61), Klarsichthülle, Stift, Federn (als Belohnung)
  Die Kinder müssen ein Rätsel lösen.
- ***Indianertanz (1.–4. Schuljahr)***
  Material: Indianische Musik bzw. Indianerlied
  Durchführung: Es gibt verschiedene Möglichkeiten:
  1. Die Kinder überlegen sich selbst eine Choreografie, die sie tanzen wollen. Sie überlegen sich auch, wie sie sich verkleiden wollen.
  2. Die Lehrkraft überlegt sich eine Choreografie (z. B.: Gehen im Kreis, Hopser-Lauf, im Kreis in die Mitte gehen, wie Indianer schießen, vor- und zurückspringen ...) und studiert sie mit allen Kindern ein.

- ***Indianertheater* *(1.–4. Schuljahr)***
  Material: Buch „Fliegender Stern“ von Ursula Wölfel
  Durchführung: Ein Tag im Leben eines kleinen Indianers lässt sich sehr gut nachspielen. Beispielsweise die Mutprobe am See, wo einer den anderen rettet oder die Szene, als Fliegender Stern auf dem Pferd wegreitet. Lesen sie den Kindern das entsprechende Kapitel vor und lassen sie die Kinder selbst ein Rollenspiel entwerfen.
- ***Indianerrhythmus* *(1.–4. Schuljahr)***
  Material: Rasseln, Flöten (evtl. davon nur die Mundstücke), Pfeifen, Klappern, Trommeln, Glöckchen, Rhythmusinstrumente wie Becken, Schellentrommel, Klanghölzer, Glocken, bunte Bänder, Stöcke, Hutgummi
  Durchführung: Glöckchen können mit bunten Bändern an Stöcken befestigt werden oder auf Hutgummi aufgefädelt als Fußglöckchen dienen. Die Kinder üben einen gemeinsamen Rhythmus ein und bewegen sich passend dazu.

Im Weltraum unterwegs

Unterbringung

Wählt man dieses Thema für eine Klassenfahrt, wäre es natürlich optimal, eine Unterkunft in der Nähe einer Sternwarte oder eines Planetariums zu finden (Infos zu Planetarien und Sternwarten in Deutschland findet man z. B. unter www.sternklar.de oder www.planetarium-online.info/D/dkarte.html#d).

Vorbereitung im Unterricht, 3./4. Schuljahr

- ***Musikunterricht/Klassenfahrtslied:*** „Sternenfänger“, Trio Kunterbunt (s. S. 63)
- ***Mathematikunterricht:*** Im Rahmen der Einführung großer Zahlen kann über Größe, Durchmesser und Entfernung der Planeten gesprochen werden
- ***Sachunterricht:*** Bearbeitung des Themas „Raum“ mit Erfahrungen zum Weltraum und den Planeten

Konkreter Ablauf: 4. Schuljahr

1. Tag: Anreisetag
Vormittag: Zimmerbelegung
Nachmittag: Gruppeneinteilung, Erkundungsrallye, Spaziergang zur Orientierung
Abend: Lesen oder Spielen nach Bedarf bzw. Besuch einer Sternwarte oder eines Planetariums

2. Tag: Planeten-Informationstag
Vormittag: Informationen zu den Planeten zusammentragen
Nachmittag: Weltraumbuch-Ausstellung mit Stöbern und Vorlesen, Freizeit
Abend: evtl. Sternenwanderung oder Freizeit

3. Tag: Planetentag
Vormittag: Vorstellen der Ergebnisse zu den Planeten
Nachmittag: „Aktion Wirbelwind“, Freizeit
Abend: Lagerfeuer, Freizeit

4. Tag: Planetenpfad-Tag
Vormittag: Planetenbilder malen, Abmessen der Entfernungen der Planetenwege
Nachmittag: Wanderung über den Planetenpfad
Abend: Weltraumspiele, Freizeit

5. Tag: Abreisetag
Vormittag: Aufräumen, Abfahrt

Programm

- ***Gruppeneinteilung***
  Material: Planetennamen auf kleinen Zetteln (zum Losen)
  Durchführung: Es sollten immer 4–5 Kinder in einer Gruppe sein. Die Gruppeneinteilung kann auf verschiedene Weise erfolgen: Entweder wird gelost oder aber die Kinder entscheiden, zu welchem Planeten sie arbeiten wollen. Je nach Anzahl der Gruppen, müssen einige zu zwei Planeten arbeiten.
- ***Erkundungsrallye (genauere Angaben s. S. 38) (2.–4. Schuljahr)***
  Material: Arbeitsblatt (s. S. 44), Stifte, gut sichtbare Wollfäden, Hausordnung
  Durchführung: Die Planetengruppen bekommen Stift und Erkundungsfragen und müssen diese beantworten. Die Gruppen kommen zusammen und besprechen ihre Ergebnisse.
- ***Informationen zu den Planeten zusammentragen und vorstellen (3./4. Schuljahr)***
  Material: Bücher, Planetentexte (s. S. 64 ff.),

Plakate (DIN A3/A2 oder Tapetenrollen), Stifte
Durchführung: Die Informationen zu den Planeten können die Kinder aus Büchern und den Planetentexten beziehen. Jede Gruppe soll zu ihrem Planeten die wichtigsten Informationen wie Umfang, Beschaffenheit, Temperatur, Farbe etc. herausfinden und auf einem Plakat zusammenstellen.
Anschließend stellt jede Gruppe ihre Ergebnisse vor.

- ***Weltraumbuch-Ausstellung (1.–4. Schuljahr)***
  Material: mitgebrachte Bücher zum Thema
  Durchführung: Alle Kinder tauschen ihre Lexika, Lesegeschichten, Was-ist-was-Bücher etc. aus und können darin stöbern oder sich gegenseitig vorlesen. Viele Kinder haben einen großen Fundus an „Weltraumliteratur“, da das Thema für Kinder sehr interessant ist.
- ***Sternenwanderung (3./4. Schuljahr)***
  Material: Informationen zu Sternenbildern, Taschenlampen
  Durchführung: Bei gutem Wetter kann eine Sternenwanderung durchgeführt werden. Die Kinder lesen vorab Informationstexte zu den Sternenbildern und prägen sie sich ein. Nach einer kleinen Nachtwanderung mit Taschenlampen kann – am besten auf einem freien Feld – der Himmel beobachtet und die Sternenbilder gesucht werden. Bei Unsicherheiten können die Kinder mit der Taschenlampe auf ihre Informationstexte und -bilder leuchten, um sich dann besser am Himmel orientieren zu können. Mit gegenseitiger Hilfe finden alle Kinder die Sternenbilder am Himmel.
- ***Planetenbilder malen (3./4. Schuljahr)***
  Material: Abbildungen der Planeten, Plakate, Stifte
  Durchführung: Jede Gruppe malt ihren Planeten auf ein großes Plakat.
- ***Planetenpfad (3./4. Schuljahr)***
  Material: Informationstext „Planetenpfad“ (s. S. 69), Maßbänder (aus dem Sportunterricht), Planetenbilder, Steine
  Durchführung: Auf dem Arbeitsblatt sind die Weiten der Planeten zueinander angegeben sowie in einem verkleinerten Maßstab. Die Kinder messen die Distanzen zwischen den Planeten aus und legen ihr Bild an die entsprechende „Weltraumposition“ auf einem 3 km langen Weg. Mit Steinen können sie ihr Bild auf dem Weg windsicher befestigen.
  Nachdem alle Planeten auf dem Planetenlehrpfad verteilt wurden, gehen ihn die Kinder ab. Eventuell können die Gruppen an den Stationen noch einmal die wichtigsten Informationen zu dem jeweiligen Planeten nennen.

Weltraumspiele

Alle Spiele sind geeignet für das 1.–4. Schuljahr

- ***UFO-Spiel***
  Material: CD-Player, Musik-CDs
  Durchführung: Die Kinder bewegen sich zur Musik. Wenn die Musik endet, ruft der Spielleiter eine Zahl. So viele Kinder müssen sich zusammenfinden, damit sie in ihrem Ufo weiterfliegen können. Die Gruppe, die sich am schnellsten findet, gewinnt.
- ***Ich packe mein Raumschiff***
  Material: Stühle für einen Sitzkreis
  Durchführung: Alle Kinder sitzen im Stuhlkreis. Ein Kind beginnt und nennt den Satz: „Ich packe mein Raumschiff und nehme mit …“ Hier folgt ein ausgedachter Gegenstand, den man in einem Raumschiff benötigt. Das zweite Kind wiederholt den gleichen Satz, wiederholt den Gegenstand des ersten Kindes und ergänzt seinen Wunsch. Kind Nummer 3 muss zunächst die Wünsche von Kind 1 und 2 wiederholen und gibt einen eigenen Mitnahmewunsch bekannt …
- ***Planetenuntersuchung***
  Material: Sand, Erbsen, Muscheln, Murmeln, Steine, Bohnen, Linsen, Teller, Siebe, Abdeckfolie, Schüssel
  Durchführung: Auf der Mission zu einem fremden Planeten soll dessen Oberfläche untersucht werden. Dazu werden die Kinder in zwei Forschergruppen eingeteilt. Jede Gruppe bekommt eine Schüssel mit Sand, in die zuvor die Erbsen, Muscheln, Murmeln, Steine, Bohnen und Linsen gemischt wurden. Die Kinder sollen nun ihre Sandschüssel sieben und in einer bestimmten Zeit möglichst viele Gegenstände heraussie-

ben. Wer nach der abgelaufenen Zeit die meisten Dinge „ersiebt“ hat, gewinnt diese Runde.

- ***Raumschiffanzüge anziehen***
  Material: Toilettenpapierrollen
  Durchführung: Jeweils 3 Kinder bilden eine Gruppe. Eines der Kinder ist der Astronaut. Die anderen beiden müssen ihm dabei helfen, seinen Raumanzug anzuziehen. Dazu umwickeln sie den „Astronauten“ mit Toilettenpapier. Gewonnen hat die Gruppe, dessen Astronaut als erster für die Raumschiffmission ausgestattet ist.
- ***Achtung, Raumstation!***
  Material: /
  Durchführung: Zu den folgenden Kommandos werden Bewegungen verabredet:
  Flug zur Erde: Arme ausbreiten
  3, 2, 1, 0: Arme nach oben
  Landung: auf den Boden hocken
  Wetterfront: auf der Stelle hüpfen.
  Die Kinder gehen durch den Raum. Ohne Ankündigung ruft der Spielleiter ein Kommando. Nun müssen die Kinder die entsprechende Bewegung machen. Das Kind, das als letztes reagiert, scheidet aus.
- ***Planetenmission***
  Material: Zettel mit Anweisungen
  Durchführung: Auf kleine Zettel werden für die Planetenforscher Anweisungen geschrieben wie bspw. „Zu wenig Sauerstoff, hocke dich hin“, „Du musst zurück zum Raumschiff, renne auf der Stelle“, „Du hast Wasser gefunden, tue so, als ob du trinkst“, „Du untersuchst Steine, klatsche in die Hände, als ob du sie gegeneinanderklopfst“... Diese Zettel werden im Raum versteckt. Nun müssen die Kinder die Zettel suchen, am Ort verweilen und die Bewegung so lange machen, bis jeder einen Zettel mit Anweisung gefunden hat.

Im Frühtau zu Berge

Deutscher Text: Walther Hensel, Melodie: schwedisches Studentenlied

2. Ihr alten und hochweisen Leut, fallera,
   ihr denkt wohl, wir sind nicht gescheit, fallera?
   Wer sollte aber singen, wenn wir schon Grillen fingen
   in dieser herrlichen Frühlingszeit!

3. Werft ab alle Sorgen und Qual, fallera,
   und wandert mit uns aus dem Tal, fallera!
   Wir sind hinausgegangen, den Sonnenstrahl zu fangen:
   Kommt mit und versucht es auch selbst einmal!

Erkundungsauftrag 1
Wir haben auf dem Gelände Grenzpunkte mit Wollfäden gekennzeichnet.
Verlasst nicht diese Grenzen, ohne eine Aufsichtsperson zu fragen!
Schreibt die Farben der Wollfäden auf!

____

____

Erkundungsauftrag 2
Nun ist eure Beobachtungsgabe gefragt:

Wie viele ____________________ gibt es auf dem Gelände?

____

Erkundungsauftrag 3
Nun ist eure Beobachtungsgabe im Haus gefragt:

Wie viele ____________________ gibt es im Haus?

____

Erkundungsauftrag 4
Ein kleines Versteckspiel:

Sucht ____________________ und malt es auf!

Erkundungsauftrag 5
Wenn ihr Fragen habt, könnt ihr euch an die Mitarbeiter am Empfang wenden.

Wie heißt die Dame/der Herr am Empfang? ______________________

Erkundungsauftrag 6
Nennt drei Regeln der Hausordnung!

____

____

____

Ich mag dich so

Text: Rolf Krenzer, Melodie: Walter Vahrenkamp

2. Ich mag dich so, … leiden.
   Ich stell mich einfach neben dich.
   Wie wär's denn mit uns beiden?

3. Ich mag dich so, … leiden.
   Ich geb dir einfach meine Hand.
   Wie wär's denn mit uns beiden?

Das Abc-Lied

Text: Eckard Bücken, Melodie: Reinhard Horn

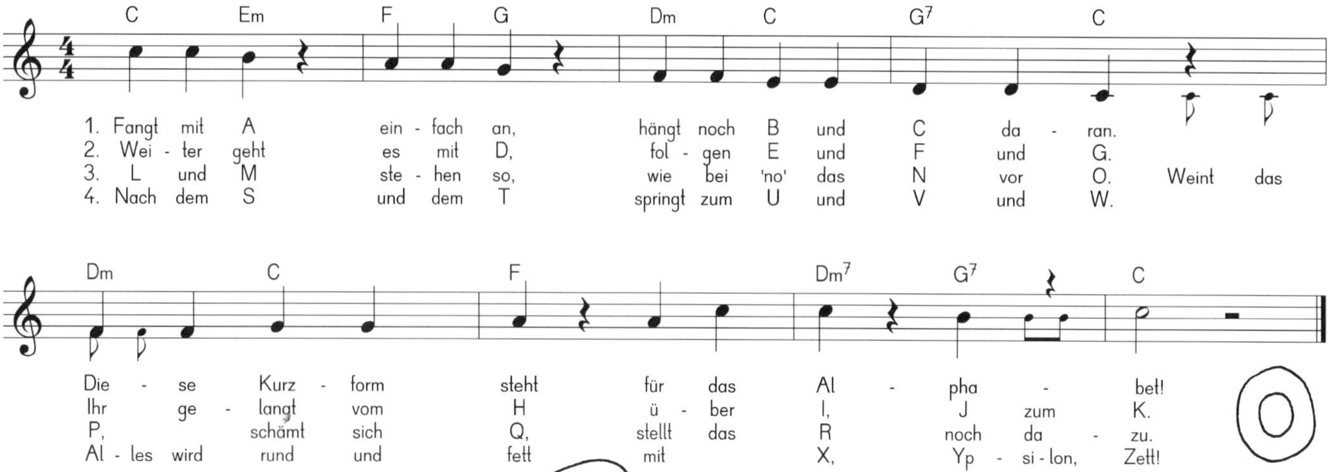

1. **Wie ist der Anfangsbuchstabe deines Vornamens?**
   Schreibe ihn hier auf!

2. **Welche anderen Wörter kennst du mit diesem Buchstaben?**
   Schreibe oder male sie hier auf!

3. **Welche Sachen magst du, die mit diesem Buchstaben beginnen?**
   Schreibe oder male sie hier auf!

Heut' ist ein Fest bei den Fröschen am See

Text und Melodie: mündlich überliefert

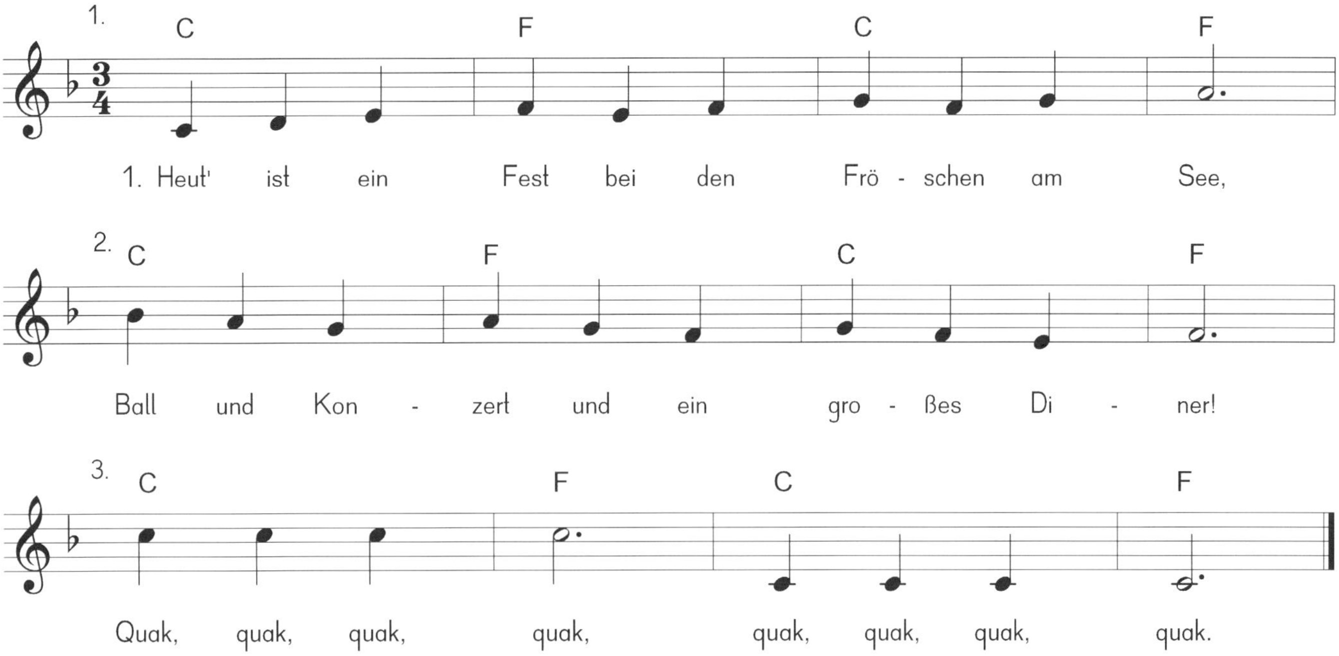

1. Sammelt etwas von einem Tier. Erzählt, warum das Tier dieses „Etwas“ verloren haben könnte.	**2. Sammelt etwas, was Menschen im Wald liegen gelassen haben.** Erzählt, wer und warum er den Gegenstand im Wald liegen gelassen hat. Was hat er davor damit gemacht?
3. Sammelt einen besonders schönen Stein. Erzählt von der Zauberkraft eures Steins.	**4. Sucht euch ein Stück besonders schöne borkige Rinde.** Erzählt aus dem Leben des Baumes, von dem die Rinde stammt. Was hat er hier im Wald mit den Tieren schon alles erlebt? Gestaltet ein Bild dazu: Nehmt euch Papier und Wachsmalstifte, legt das Papier auf die Rinde und reibt mit den Wachsmalstiften darüber.
5. Sammelt etwas, von dem ihr überhaupt nicht wisst, was es sein könnte. Was könnte das Gesammelte darstellen? Denkt euch eine Fantasiegeschichte dazu aus.	**6. Sammelt etwas, das für die Natur wichtig ist.** Warum ist das Gesammelte für die Natur so wichtig? Berichtet davon.
7. Bringt einen möglichst unbeschädigten Grashalm mit. Was hat der Grashalm auf seiner Wiese schon alles gesehen und erlebt? Erzählt.	**8. Sammelt einen Waldgeist. Was stellt ihr euch darunter vor? Es darf auch etwas gebastelt oder gelegt werden.** Erzählt eine Geschichte zu eurem Waldgeist.

Urkunde

____

hat die Natur in _______________________________ erkundet,

deshalb wird ihm/ihr diese Naturschützer-Urkunde verliehen.

_______________________ _______________________

Ort, Datum Unterschrift

Fußball

Text und Melodie: Eckehard Ruschmeier

2. Da kommt der Ball, und ich nehm' ihn voll.
Ich schicke Lisa und die rennt ganz doll.
Fast ist er aus, doch Lisa grätscht rein.
Sie zieht die Flanke noch sauber rein.
Jimmi fliegt wie 'ne Boeing ein,
doch der Ball geht an den Pfosten,
und der fällt um.

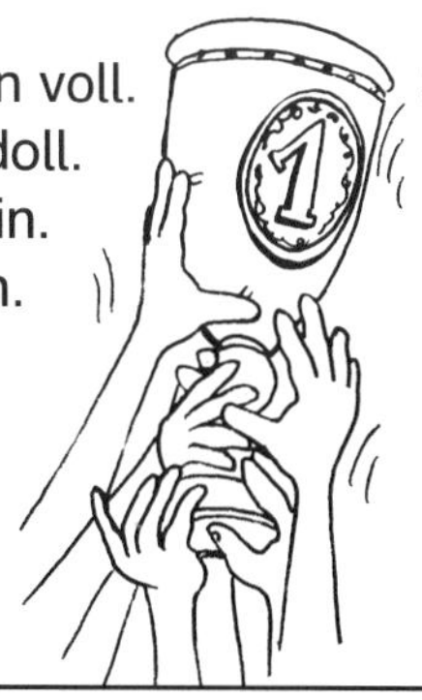

3. Heut' läuft es gut, doch nicht nur bei uns.
Es steht zwo-zwo, und der Ball ist rund.
Da ist die Chance, Karl steht frei.
Er kriegt das Leder, zieht ab – vorbei!!
Da kommt der Bus, wir müssen geh'n.
Tschüs, ihr Flaschen, und auf Wiederseh'n.

Urkunde

____

hat zusammen mit dem/der Partner/in ____________________

bei der Partnerolympiade in ____________________

den __________ Platz belegt.

Herzlichen Glückwunsch!

______________________ ______________________

Ort, Datum Unterschrift

Urkunde

____

hat zusammen mit seiner/ihrer Mannschaft

bei der Mannschaftsolympiade in ______________________________

den __________ Platz belegt.

Herzlichen Glückwunsch!

______________________ ______________________
Ort, Datum Unterschrift

Ritter Rost

Text und Melodie: Felix Janosa

2. Und wenn ich mal nicht kämpfen kann,
fang' ich gleich zu rosten an.
Ich kenne weder Angst noch Schmerz,
denn ich hab' ein Eisenherz.
Er kommt auf seinem Feuerstuhl
bei Hagel, Sturm und Frost,
ja, so bin ich,
der Ritter Rost.
Nein, keiner ist so listig
Und keiner ist so rüstig,
keiner ist so rostig
wie der Ritter Rost.

Wie im Mittelalter schreiben

Du bist min, ich bin din:
des solt du gewiss sin.
Du bist beszlozzen in minem herzen;
verlorn ist das slüzzelin:
du muost immer drinne sin.

Übersetzung:

Du bist mein, ich bin dein:
dem sollst du gewiss sein.
Du bist eingeschlossen in meinem Herzen;
verloren ist das Schlüsselchen:
du musst immer drinne bleiben.

Einladung

Habt Ihr schon gehört? Auf der Burg soll es noch echte Ritter geben, die sich heute hier bei uns verstecken! Ich kann es gar nicht glauben, aber mein Freund Ritter Kuno hat es mir erzählt und bei seiner Rüstung geschworen, dass es wahr ist. Er hat Euch alle eingeladen, mit den Rittern eine mittelalterliche Ritterparty zu feiern. Dabei lernt ihr dann auch die echten Ritter kennen. Also, macht Euch heute Abend schick und kommt um 20:00 Uhr zur Ritterparty!

Urkunde

____

hat bei den Ritterspielen in ______________________________

tapfer gekämpft und den ____________ Platz errungen.

Herzlichen Glückwunsch sagen die Ritter und Burgfräulein!

______________________ ______________________

Ort, Datum Unterschrift

Der Zirkusboogie

Text und Melodie: FERRI (Georg Feils)

3. Die Bären sieht man alle mit den scharfen Bärentatzen
in dem Boogie-Rhythmus an den großen Zirkuspfählen kratzen.
Der dicke Bär Hans-Friedrich brummt leise vor sich hin:
„Mensch, so'n Boogie-Woogie ist ja echt ein heißes Ding!"

4. Ja, da lässt der Seehund einen Hering, Hering sein,
klatscht begeistert mit der Flosse: „Auf geht's Jungs, haut rein",
wackelt mit dem Hintern, rollt die Augen ganz verzückt,
ja, der Boogie-Woogie macht den Seehund ganz verrückt.

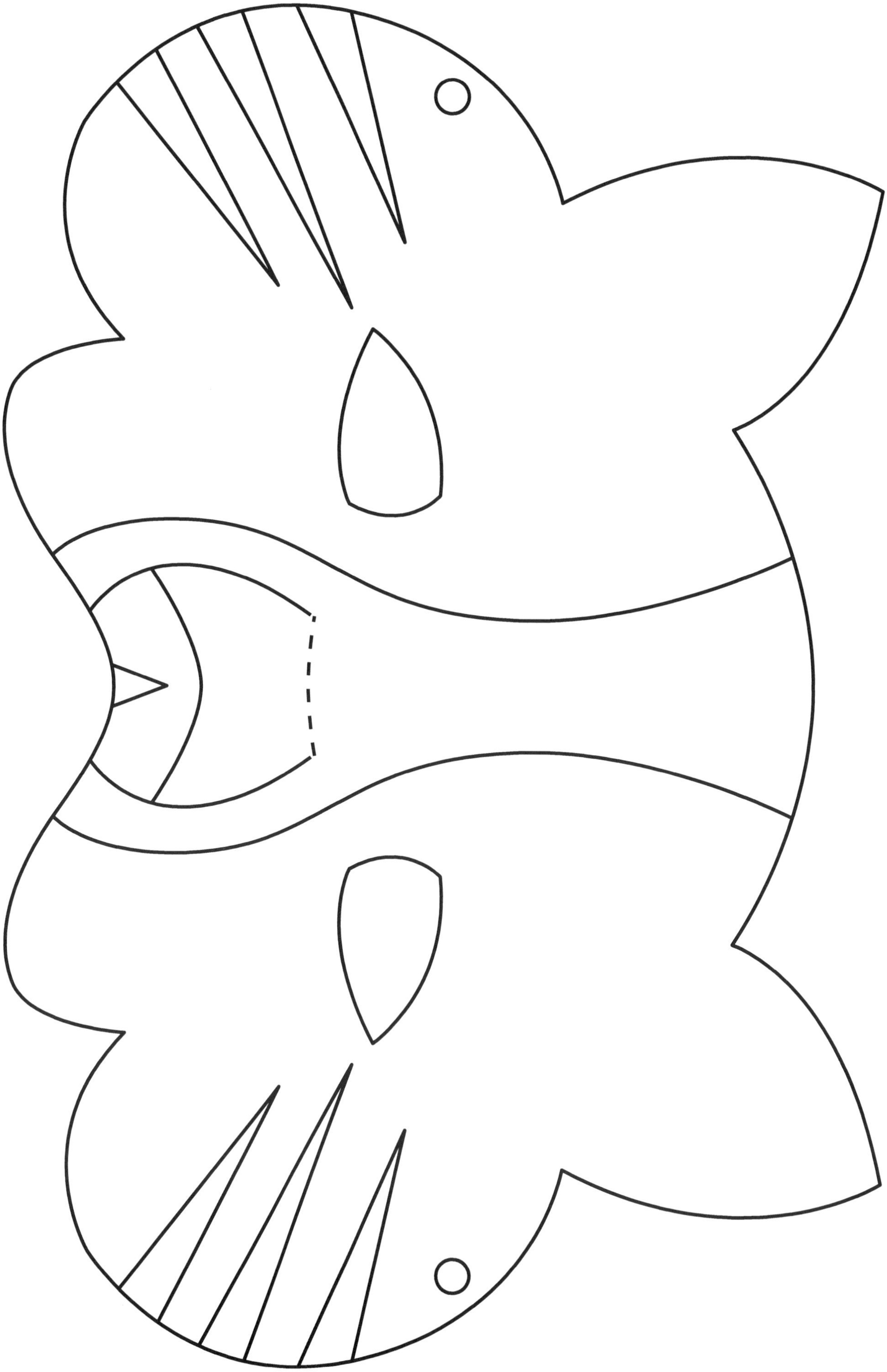

Hao-wari (Indianisches Wiegenlied)

Wiegenlied der Pawnee-Indianer nach N. Curtis

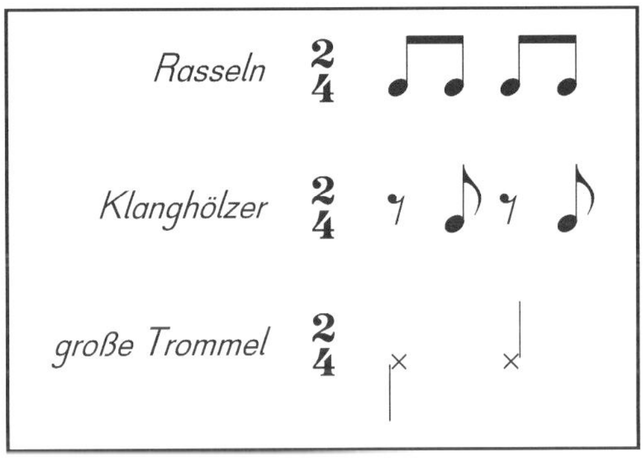

Erkundungsauftrag 1
Indianer erkunden sehr gerne das Gelände.
Zum Schutz vor anderen kriegerischen Stämmen ist unser Lager gekennzeichnet: Wir haben auf dem Gelände Grenzpunkte mit Wollfäden gekennzeichnet. Verlasst nicht diese Grenzen, ohne eine Aufsichtsperson zu fragen!
Schreibt die Farben der Wollfäden auf!

____

____

Erkundungsauftrag 2
Indianer beobachten alles ganz genau. Habt ihr unser Lager auch schon genau durchforstet?

Wie viele ____________________ gibt es auf dem Gelände?

____

Erkundungsauftrag 3
Indianer sind sehr aufmerksam. Sie merken sofort, wenn etwas aus ihrem Tipi verschwunden ist oder sich etwas verändert hat. Wie gut kennt ihr euch in eurem Indianerhaus aus?

Wie viele ____________________ gibt es im Haus?

____

Erkundungsauftrag 4
Indianer haben Adleraugen.
Hast du diese Dinge auch schon entdeckt?

Sucht ____________________ und malt es auf!

Erkundungsauftrag 5
„Weiße Brüder und Schwestern“ werden genau unter die Lupe genommen.

Wie heißt die Dame/der Herr am Empfang? ____________________

Erkundungsauftrag 6
Welche Sitten und Gebräuche sind bei den „Weißhäuten“ hier üblich?
Nennt drei Regeln der Hausordnung!

____

____

Fährte 1
Sucht Stöcke und legt sie kreuzweise übereinander.
Bindet den Stockhaufen mit der Kordel in der Mitte fest:
Nun haltet ihr Indianerspielzeug, ein Wurfgerät, in den Händen.
Bringt es zurück zu den Stammesältesten.

Fährte 2
Nehmt den Brief aus der Hülle.
Versucht ihn zu lesen:
Übersetzt die Indianerzeichen in unsere Sprache und schreibt ihn in unserer Sprache auf das weiße Blatt Papier.
Gebt den übersetzten Brief bei den Stammesältesten ab.
Tipp: Benutzt die Übersetzungskarte!

Fährte 3
Geht in den Wald und sammelt jeweils drei ______________________________
Bringt Sie zu den Stammesältesten.

Fährte 4
Wisst ihr, wo das Indianerdorf liegt? Dort wird einer eurer Krieger gefangen gehalten.
Um ihn zu befreien, müsst ihr euch an den Stammesältesten heranschleichen und ihm eine seiner Federn klauen.

Er sitzt ______________________________

Wenn er euch erwischt und euch mit eurem Namen ruft, müsst ihr auch ins Gefängnis.
Schafft ihr es, die Feder unbemerkt zu mopsen, so stoßt einen Siegesschrei aus und alle sind befreit.

Fährte 5
Nehmt die Geschichte aus der Hülle.
Malt die Geschichte mit Indianerzeichen. Ihr könnt euch dafür eigene Zeichen überlegen.
Bringt die gemalte Geschichte zu den Stammesältesten. Sie müssen sie entziffern können.

Fährte 6
Nehmt das Rätsel aus der Hülle.
Löst das Rätsel. Zeigt es einem Stammesältesten. Wenn ihr es richtig gelöst habt, bekommt jeder eine Feder zur Belohnung.

Brief

Hallo  !

Die  steht hoch. Ihr  auf der  und

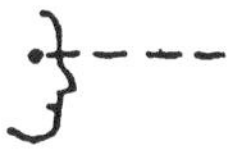 eure Aufgaben.  euch, um sie zu lösen.

Der  bewacht euch.

Wenn es  ,  zurück zum .

 Glück!

Übersetzungskarte

 = Indianer

 = Weg/Straße

 = großer Geist

 = viel

 = Sonne

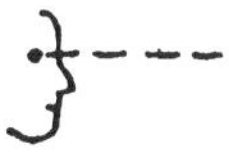 = suchen

 = regnen

 = gehen

 = beraten

 = Lager

Geschichte

Bei Sonnenaufgang / geht / der kleine Indianer / zum Fluss. / Er badet / im Fluss. / Ein großer Indianer / kommt. / Er schießt mit Pfeil und Bogen. / Ein Fuchs / läuft weg.

Rätsel

Wie heißen die Schuhe der Indianer?

Welche Tiere jagen die Indianer?

Wo sitzen Indianer abends oft ? Am

Wie „telefonieren" Indianer? Mit

Wie heißt das Haus der Indianer?

Womit schießen die Indianer? Mit Pfeil und

Lösung: Büffel, Rauchzeichen, Bogen, Mokassins, Tipi, Lagerfeuer

Sternenfänger

Text und Melodie: Trio Kunterbunt

2. Schnipps mal mit den Fingern, fang zu klatschen an!
Du ziehst die Schultern an den Kopf ganz nah heran,
schlabberst mit den Knien, hüpfst auf einem Bein.
Streck dich und fang die Sterne ein!

3. Stampf mal mit den Füßen, reib dir deinen Bauch!
Du schüttelst dich, das macht´n Wackelpudding auch,
mach dich mal ganz klein, wie ein Frosch so klitzeklein.
Streck dich und fang die Sterne ein.

4. Such dir einen Nachbarn, guck ihn freundlich an!
Probier mal, ob man den auch kitzeln kann!
Dann tanzen zwei Verliebte in den Himmel rein,
zusammen fangen sie die Sterne ein.

Merkur

Merkur – benannt nach dem röm. Götterboten und Gott der Kaufleute und der Diebe – ist der Schnellläufer unter den Planeten: Mit fast 50 km/s, 180 000 km/h, wirbelt er um die Sonne.
Merkur entfernt sich, von der Erde aus betrachtet, nur wenig von der Sonne.
Seine Oberfläche ist von keiner Atmosphäre geschützt und ähnlich wie die des Mondes mit Einschlagkratern übersät. Auf der Tagseite sorgt die Sonne für enorm hohe Temperaturen, auf der sonnenabgewandten Seite fällt die Temperatur tief unter den Gefrierpunkt. Wegen seiner niedrigen Umdrehungsgeschwindigkeit schafft er in zwei Merkurjahren gerade drei Umdrehungen.
Von der Erde aus gesehen, erscheint der zweitkleinste Planet oft nur als schmale Sichel, wie wir dies auch vom Mond und der Venus kennen.
1975 flog die Raumsonde „Mariner 10" in nur 300 km Entfernung am Merkur vorbei.

Erde

Die Erde, der Blaue Planet, gehört zu den kleinen Begleitern der Sonne und ist der einzige Planet unseres Sonnensystems, auf dem höher entwickelte Lebensformen entstehen konnten.
Sie ist auch der einzige Planet, dessen Atmosphäre einen nennenswerten Sauerstoffanteil enthält und auf dessen Oberfläche Wasser in flüssiger Form vorkommt.
Die dünne Lufthülle schützt einerseits vor den lebensvernichtenden UV- und Röntgenstrahlen der Sonne, lässt andererseits aber so viel Licht und Wärme hindurch, dass optimale Voraussetzungen für die Entstehung und Entwicklung von Leben vorhanden sind.
Um den Aufbau der Erde zu veranschaulichen, wird diese oft mit einem rohen Ei verglichen. Dabei entspricht die Dicke der Eierschale der festen Erdkruste, das Eiweiß dem flüssigen Erdmantel und der Eidotter dem schweren festen Erdkern, der überwiegend aus Nickel und Eisen besteht.
Begleitet wird die Erde von einem Mond, der bisher auch der einzige Himmelskörper ist, den Menschen betreten haben. Weiter als bis zum Mond (384 000 km; im Modell: 38,4 cm) hat sich bis heute noch kein Mensch von der Erde entfernt. Im Vergleich zu den anderen Entfernungen im Sonnensystem war dies aber nur ein kleiner Hüpfer; allein zum Mars ist es mindestens 200-mal so weit.

Venus

Obwohl nach der römischen Göttin der Liebe und Schönheit benannt, ist Venus ein wahrhaft höllischer Planet.
Nur wenig kleiner als die Erde und nächster Nachbar (geringster Abstand: 40 000 000 km) ist Venus ständig von einer undurchsichtigen Wolkendecke aus Kohlendioxid umgeben.
Wasser ist nicht vorhanden und nur ab und zu regnet es Schwefelsäuretröpfchen, die aber schon verdunsten, bevor sie den Boden erreichen. Venus ist der heißeste Planet des Sonnensystems. Wasser finge sofort an zu kochen und selbst Blei und Zink würden schmelzen.
Auf der Oberfläche des wüstenartigen Planeten haben Raumsonden Berge, Schluchten und hohe erloschene Vulkankegel ausgemacht.
Durch die dichte Wolkendecke wird ein großer Anteil des Lichtes zurückgestrahlt, sodass die Venus nach Sonne und Mond das hellste Objekt am Firmament ist. Als Morgen- oder Abendstern strahlt sie ruhig und ohne zu flimmern am Himmel. Je nach Bahnposition zeigt sich die Venus im Teleskop als größere oder kleinere Sichel.
Für eine Drehung um die eigene Achse benötigt unser Nachbarplanet länger als für einen Umlauf um die Sonne: ein Venustag dauert also länger als ein Venusjahr.
Sieben Raumsonden landeten zwischen 1970 und 1983 sanft auf der Venusoberläche und funkten z.T. farbige Aufnahmen zur Erde. Im August 1990 gelang einer Sonde eine vollständige Aufnahme der Oberfläche.

Mars

Wegen seiner rötlichen Farbe wurde der Planet nach dem röm. Gott des Krieges benannt; seine beiden Monde heißen Phobos (griech.: Angst) und Deimos (griech.: Schrecken).
Mars hat nur eine sehr dünne Atmosphäre und eine sandige und steinige Oberfläche, die durch Eisenoxid ihre rötliche Farbe erhalten hat.
Es gibt auf dem Mars Landformen, die durch fließendes Wasser gebildet worden sein müssen. Mit über 25 km Höhe und 500 km Kraterdurchmesser ist der Olympus Mons der höchste und größte Vulkan des Sonnensystems. An den Polen kann man große Flächen aus Eis erkennen, die sich je nach Sonneneinstrahlung, d. h. Marsjahreszeit, verändern. Der Mars ist der wohl am besten erforschte Planet. Schon über 20 sowjetische und US-amerikanische Raumsonden erkundeten ihn. Die ersten Live-Fernsehbilder gelangten im Rahmen der „Pathfinder-Mission“ 1997 zur Erde. Ob es einfache Lebensformen auf dem Mars gab oder gar gibt, ist zwar unwahrscheinlich, aber heute noch nicht abschließend zu beantworten; bis jetzt sind noch keinerlei Lebensspuren entdeckt worden. Der Mars dürfte aber in absehbarer Zukunft der erste (und wahrscheinlich auch einzige) Planet sein, der von Menschen betreten werden wird.

Jupiter

Der Namensgeber dieses Planeten, Jupiter, stürzte seinen Vater Kronos und wurde dadurch höchster Gott auf dem Olymp, Gott der Erde und des Himmels.
Jupiter ist der größte Planet des Sonnensystems; er allein hat fast so viel Masse wie alle anderen Planeten zusammen. Zu Recht bezeichnet man ihn als einen Gasplaneten, denn er besteht zum größten Teil (über 70 %) aus gasförmigem Wasserstoff und hat vermutlich nur einen kleinen festen Kern von etwa 20 000 km Durchmesser. In nur 10 Stunden dreht sich der Riesenplanet um seine Achse, sodass am Äquator Geschwindigkeiten von über 40 000 km/h auftreten. An der Oberfläche seiner Atmosphäre toben ungeheure Stürme mit bis zu 1500 km/h. Der bekannte Große Rote Fleck hat sich als ein Wirbelsturmzentrum herausgestellt, das schon seit fast 400 Jahren beobachtet wird. Es hat einen Längsdurchmesser von über 40 000 km und ist damit 3-mal so groß ist wie der Durchmesser der Erde. Von den vielen Monden, die ihn begleiten, sind die vier größten bereits 1610 von Galilei entdeckt worden. Diese galileischen Monde – Io, Europa, Ganymed und Kallisto – sind von der Erde aus schon mit einem Fernglas zu erkennen. Die übrigen Monde sind ebenso wie das Ringsystem, das jeden der vier großen Gasplaneten umgibt, erst durch leistungsstarke Teleskope oder von Raumsonden entdeckt worden.
Der größte Mond des Jupiters und des gesamten Sonnensystems ist Ganymed, der mit 5 260 km Durchmesser noch größer als Merkur ist und fast die Größe des Mars erreicht. Auf dem Mond Io hat man eine lebhafte vulkanische Tätigkeit beobachtet. Damit stellen diese Monde für uns interessantere Objekte dar als Jupiter selbst. Je zwei Pioneer- und Voyager-Raumsonden lieferten in den 70er Jahren wichtige Daten von Jupiter und seinen Monden.

Saturn

Der zweitgrößte Planet ist nach Saturn benannt; er war Vater des Zeus und erster Herrscher auf dem Olymp, bis er von Zeus gestürzt wurde. Saturn ist ebenfalls ein Gasplanet und fällt besonders durch sein ausgeprägtes Ringsystem auf, das schon mit kleinen Fernrohren zu erkennen ist. Er ist der weiteste noch mit bloßem Auge sichtbare Planet. Das Ringsystem besteht aus tausenden verschiedenen Ringen aus mikroskopisch kleinen Eis- und Staubteilchen bis hin zu riesigen Felsbrocken von vielen Metern. Das System hat einen Durchmesser von fast 300 000 km, ist etwa halb so breit, aber nur rund 1 km dick.
Die Anzahl der Saturnmonde lässt sich zur Zeit nicht genau angeben. Durch die Raumsonde „Pioneer 10“ sind mehrere neue entdeckt worden, sodass man heute davon ausgeht, dass der Saturn mindestens 20 Monde hat und damit der Planet mit den meisten Satelliten ist.
Insbesondere die Voyager-Missionen 1980 und 1981 haben klare und detailreiche Fotografien von dem Planeten, seinem Ringsystem und seinen Monden zur Erde gefunkt.

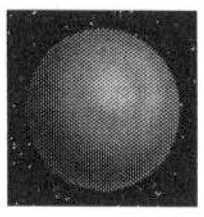

Uranus

Uranus wurde nach dem ersten Herrscher der Welt, Gott des Himmels und Vater des Kronos, benannt. Der Planet wurde 1781 von Friedrich Wilhelm Herschel von Berlin aus zufällig entdeckt.
Mit ziemlicher Sicherheit ist er jedoch schon vorher von Astronomen beobachtet, aber nicht für einen Planeten gehalten worden, weil er sich wegen seiner relativ geringen Umlaufgeschwindigkeit von der Erde aus betrachtet kaum von der Stelle bewegt.
„Voyager 2" lieferte 1986 erstmals Bilder von seinem Ringsystem, und erst Anfang 1998 wurden zwei weitere Monde des Planeten durch leistungsstarke Teleskope entdeckt.

Neptun

Der nach dem röm. Meeresgott (griech.: Poseidon, Bruder des Zeus) benannte Planet wurde 1846 von Johann G. Galle, Berlin, entdeckt.
Neptun hat ähnliche Eigenschaften wie Uranus; Einzelheiten sind aber bis heute noch nicht gesichert.
Der Planet schimmert bläulich. Ein riesiger dunkler Fleck dürfte wie beim Jupiter ein Wirbelsturmzentrum darstellen. Aus Bewegungen der Wolkenbänder kann man auf sehr hohe Windgeschwindigkeiten (über 1000 km/h) in der Neptunatmosphäre schließen.
„Voyager 2" entdeckte 1989 bei seinem Vorbeiflug ein Ringsystem und sechs kleinere Monde des Planeten; die Raumsonde verließ danach unser Sonnensystem und fliegt seit dieser Zeit antriebslos immer weiter in den Weltraum.
Neptun ist damit der am weitesten von uns entfernte Himmelskörper, von dem eine Sonde Informationen geliefert hat; alle Nachrichten, die uns „Voyager 2" übermittelte, waren rund 4 Stunden unterwegs, bis sie die Erde erreichten.

Merkur in Zahlen:

mittlere Entfernung v. d. Sonne	57 900 000 km (Modell: 58 m)
Umlaufdauer	88 Tage
mittl. Umlaufgeschwindigkeit	47,9 km/s
Durchmesser am Äquator	4 878 km (Modell: 0,5 cm)
Masse (Erde = 1)	0,06
Oberflächentemperatur	+400 °C bis – 170 °C
Rotationsdauer	58,6 Tage
Anzahl der Monde	0
Flugzeit einer Raumsonde:	4 Monate

Erde in Zahlen:

mittlere Entfernung v. d. Sonne	149 600 000 km (Modell: 150 m)
Umlaufdauer	365,25 Tage
mittl. Umlaufgeschwindigkeit	29,8 km/s (~ 100 000 km/h)
Durchmesser am Äquator	12 756 km (Modell: 1,3 cm)
Masse	5,981 024 kg
Oberflächentemperatur	+60 °C bis – 90 °C
Rotationsdauer	23 Std. 56 Min 4 Sec
Anzahl der Monde	1 (Durchmesser: 3 476 km; Modell: 3 mm)

Venus in Zahlen:

mittlere Entfernung v. d. Sonne	108 000 000 km (Modell: 108 m)
Umlaufdauer	225 Tage
mittl. Umlaufgeschwindigkeit	35 km/s
Durchmesser am Äquator	12 100 km (Modell: 1,2 cm)
Masse (Erde = 1)	0,8
Oberflächentemperatur	+ 470 °C
Rotationsdauer	243 Tage
Anzahl der Monde	0
Flugzeit einer Raumsonde	3 Monate

Mars in Zahlen:

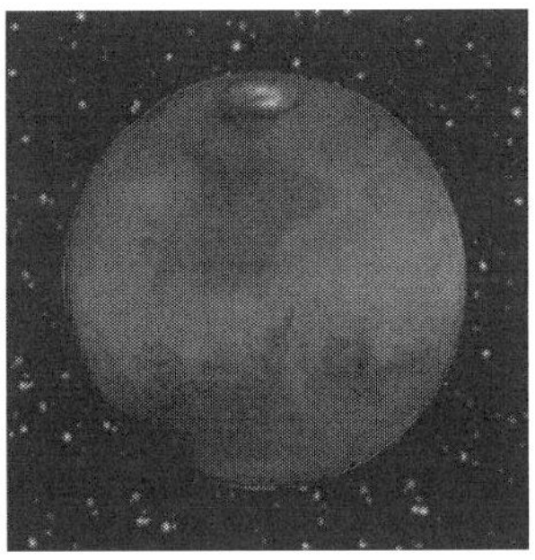

mittlere Entfernung v. d. Sonne	227 900 000 km (Modell 228 m)
Umlaufdauer	687 Tage
mittl. Umlaufgeschwindigkeit	24,1 km/s
Durchmesser am Äquator	6 786 km (Modell: 0,7 cm)
Masse (Erde =1)	0,1
Oberflächentemperatur	+20 °C bis – 100 °C
Rotationsdauer	24 Std. 37 min
Anzahl der Monde	2
Flugzeit einer Raumsonde	6 Monate

Jupiter in Zahlen:

mittlere Entfernung v. d. Sonne	778 400 000 km (Modell: 778 m)
Umlaufdauer	11,9 Jahre
mittl. Umlaufgeschwindigkeit	13,1 km/s
Durchmesser am Äquator	142 800 km (Modell: 14 cm)
Masse (Erde =1)	318
Oberflächentemperatu	– 150 °C
Rotationsdauer	9 Std. 50 Min
Anzahl der Monde	16
Flugzeit einer Raumsonde	2 Jahre

Saturn in Zahlen:

mittlere Entfernung v. d. Sonne	1 427 000 000 km (Modell: 1 430 m)
Umlaufdauer	29,5 Jahre
mittl. Umlaufgeschwindigkeit	9,7 km/s
Durchmesser am Äquator	120 000 km (Modell: 12 cm)
Masse (Erde = 1)	95
Oberflächentemperatur	– 220 °C
Rotationsdauer	10 Std. 30 min
Anzahl der Monde	> 20
Flugzeit einer Raumsonde	4 Jahre

Uranus in Zahlen:

mittlere Entfernung v. d. Sonne	2 870 000 000 km (Modell: 2 870 m)
Umlaufdauer	84,7 Jahre
mittl. Umlaufgeschwindigkeit	6,8 km/s
Durchmesser am Äquator	52 400 km (Modell: 5,2 cm)
Masse (Erde = 1)	14,5
Oberflächentemperatur	– 200 °C
Rotationsdauer	10 Std. 50 min
Anzahl der Monde	17
Flugzeit einer Raumsonde	9 Jahre

Neptun in Zahlen:

mittlere Entfernung v. d. Sonne	4 496 000 000 km (Modell: 4 500 m)
Umlaufdauer	165,5 Jahre
mittl. Umlaufgeschwindigkeit	5,4 km/s
Durchmesser am Äquator	49 500 km (Modell: 5 cm)
Masse (Erde = 1)	7,2
Oberflächentemperatur	– 190 °C
Rotationsdauer	16 Std.
Anzahl der Monde	8
Flugzeit einer Raumsonde	12 Jahre

Planetenpfad

Als Maßstab wurde 1 : 2 000 000 000 (2 Milliarden) für die Entfernungen und die Größen gewählt; die tatsächliche Entfernung Neptun – Sonne beträgt 4 509 Millionen Kilometer

Die Reihenfolge der Planeten von der Sonne aus gesehen ist:
Merkur, Venus, Erde, Mars, Jupiter, Saturn, Uranus, Neptun

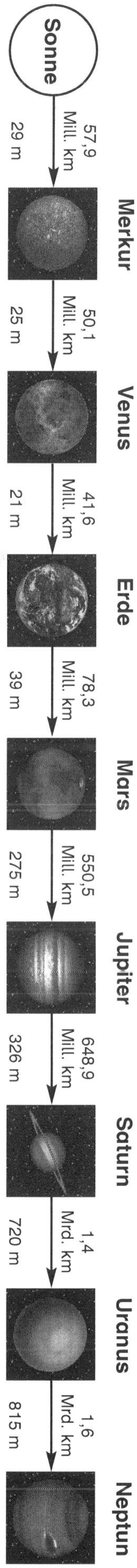

Planeten-Entfernungen – Wirklichkeit:

Sonne – Merkur	=	57 900 000 km
Merkur – Venus	=	50 100 000 km
Venus – Erde	=	41 600 000 km
Erde – Mars	=	78 300 000 km
Mars – Jupiter	=	550 500 000 km
Jupiter – Saturn	=	648 600 000 km
Saturn – Uranus	=	1 443 000 000 km
Uranus – Neptun	=	1 626 000 000 km

Entfernungen innerhalb des Planetenpfades:

Sonne – Merkur	=	29 m
Merkur – Venus	=	25 m
Venus – Erde	=	21 m
Erde – Mars	=	39 m
Mars – Jupiter	=	275 m
Jupiter – Saturn	=	326 m
Saturn – Uranus	=	720 m
Uranus – Neptun	=	815 m

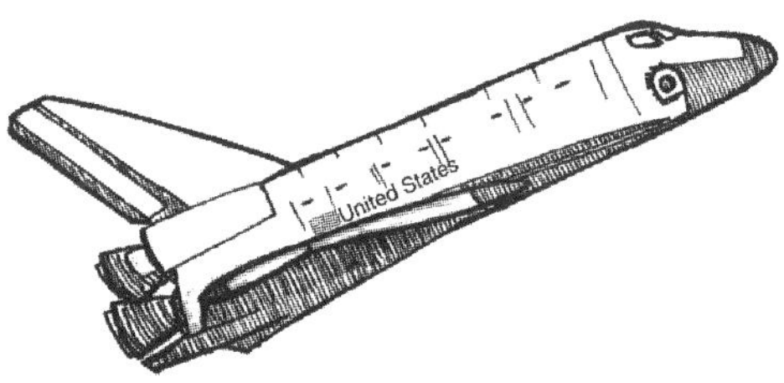

Klassenfahrt – Antrag bei der Schulleitung

Klasse __________

Klassenlehrer/in: ________________________________

Begleitperson: ________________________________

Hiermit beantrage ich eine Klassenfahrt vom ______________________

in die Jugendherberge ____ .

Veranstaltungsplan

- ____
- ____
- ____

Finanzierungsplan

- Unterkunft: ________________________________ __________ € pro Schüler/in
- Eintritte: ________________________________ __________ € pro Schüler/in
- Buskosten: ________________________________ __________ € pro Schüler/in
- Sonstiges: ________________________________ __________ € pro Schüler/in

Gesamtsumme __________ **€ pro Schüler/in**

________________________________ ________________________________

Ort, Datum Unterschrift Klassenlehrer/in

- -

Ich genehmige die Klassenfahrt zu den oben genannten Konditionen.

________________________________ ________________________________

Ort, Datum Unterschrift Schulleitung

Klassenfahrt – Antrag bei der Schulleitung (Beispiel)

Klasse 3a

Klassenlehrer/in: Frau Beer

Begleitperson: Herr Martens

Hiermit beantrage ich eine Klassenfahrt vom 8. – 11. April 2007

in die Jugendherberge Fulda .

Veranstaltungsplan

- Besuch der Kinderakademie mit Führung im begehbaren Herz zum sachunterrichtlichen Schwerpunkt „Mein Körper“
- Workshop im Umweltzentrum zum Thema „Spinnen“ zum sachunterrichtlichen Schwerpunkt „Tiere“
- Besuch des Planetariums zum sachunterrichtlichen Schwerpunkt „Weltall“; dazu wurde auch im Fach Musik thematisch gearbeitet.

Finanzierungsplan

- Unterkunft: 4 Tage, Vollpension — 90,00 € pro Schüler/in
- Eintritte: Akademie, Planetarium — 10,00 € pro Schüler/in
- Buskosten: — 23,00 € pro Schüler/in
- Sonstiges: Grillabend — 5,00 € pro Schüler/in

Gesamtsumme 128,00 € **pro Schüler/in**

Einladung zum Elternabend

Klasse: ____________

Klassenlehrer/in: ______________________________

____
Ort, Datum

Liebe Eltern der Klasse ____________ ,

zu einem Elternabend am ____________ um ____________ Uhr im Klassenraum Ihres Kindes lade ich Sie herzlich ein.
Anlass des Elternabends ist die Klassenfahrt, die vom ____________ bis ____________ stattfinden soll.

Tagesordnung:

- Informationen zu Ziel, Dauer, Kosten und Programm der Klassenfahrt
- Abstimmung
- Formalien (Personalbogen, Einverständniserklärungen)
- Reiserücktrittsversicherung
- Maßnahmen bei Regelverstößen
- finanzielle Unterstützung
- Heimweh und andere Sorgen
- Verschiedenes

Mit freundlichen Grüßen

(Klassenlehrer/in)

- -

Einverständniserklärung der Erziehungsberechtigten

Ich bin damit einverstanden, dass meine Tochter/mein Sohn ________________________

an der Klassenfahrt zur Jugendherberge ______________________ vom ____________ bis ____________

teilnimmt.

Mit der Unterschrift erkläre ich weiterhin, dass sie/er frei von Ungeziefer ist, an keiner ansteckenden Krankheit leidet und kein organisches Leiden hat, das die Leistungsfähigkeit auf Wanderungen erheblich einschränkt.
Über gegebenenfalls zu verabreichende Medikamente habe ich den/die Klassenlehrer/in informiert und meinem Kind mitgegeben.

______________________ ______________________
Ort, Datum Unterschrift eines Erziehungsberechtigten

Erklärung der Eltern – Genehmigung Verträge

Hiermit genehmige ich dem/der Klassenlehrer/in meines Kindes ______________________

die für die Klassenfahrt erforderlichen Verträge mit den Beförderungs- und Beherbergungsunternehmen

abzuschließen, wie am Elternabend am ____________ besprochen.

Die Kosten dafür belaufen sich auf ca. ____________ für mein Kind.

______________________________ ______________________________

Ort, Datum Unterschrift eines Erziehungsberechtigten

Erklärung der Eltern – Reiserücktrittsversicherung

Hiermit beauftrage ich den/die Klassenlehrer/in meines Kindes ______________________ für die

Klassenfahrt vom ____________ bis ____________ nach ________________________________

eine Reiserücktrittsversicherung in Höhe von ____________ abzuschließen.

______________________________ ______________________________

Ort, Datum Unterschrift eines Erziehungsberechtigten

Erklärung der Eltern – Unternehmungen ohne Aufsicht

Hiermit erlaube ich meiner Tochter/meinem Sohn ______________________ sich auf der Klassenfahrt in einer Gruppe von mindestens 3 Kindern für eine mit dem/der Klassenlehrer/in abgestimmten Zeit in einem abgestimmten Umfeld frei zu bewegen.

______________________________ ______________________________

Ort, Datum Unterschrift eines Erziehungsberechtigten

Erklärung der Eltern – Straßenverkehr

Hiermit erlaube ich meiner Tochter/meinem Sohn ______________________ , auf öffentlichen Straßen in Begleitung zweier Aufsichtspersonen mit dem Fahrrad zu fahren.
Über die Straßenverkehrsregeln ist sie/er unterrichtet.

______________________________ ______________________________

Ort, Datum Unterschrift eines Erziehungsberechtigten

Erklärung der Eltern – Schwimmbad

Welche Schwimmfähigkeit hat Ihr Kind?

Nicht-Schwimmer ☐

Schwimmer ohne Urkunde ☐

Schwimmer mit Abzeichen ☐ Seepferdchen ☐ Bronze ☐ Silber ☐ Gold

Verbieten irgendwelche gesundheitlichen Schäden

☐ das Schwimmen? ☐ das Tauchen? ☐ das Springen ins Wasser?

Wenn ja, welche? ____

Ergänzende Informationen

____

Mit der Unterschrift wird das Einverständnis gegeben, dass das Kind in der beaufsichtigten Gruppe ins Schwimmbad darf.

______________________________ ______________________________

Ort, Datum Unterschrift eines Erziehungsberechtigten

- -

Erklärung der Eltern – Abholung bei Fehlverhalten

Ich bin darüber unterrichtet worden, dass ich mein Kind ______________________________ im Falle eines schwerwiegenden Fehlverhaltens (Verstoß gegen die Hausordnung der Jugendherberge, unerlaubtes Entfernen von der Gruppe, mutwilliges Zerstören von Sachen, Aggressivität gegen andere, Rauchen, Klauen etc.) auf eigene Kosten von der Klassenfahrt abholen muss.

______________________________ ______________________________

Ort, Datum Unterschrift eines Erziehungsberechtigten

Personalien des Kindes

Name: ______________________ Geburtsdatum: ______________

Straße: ______________________ Telefon 1: ______________

PLZ/Ort: ______________________ Telefon 2: ______________

Ist ihr Kind gegen Wundstarrkrampf geimpft?

☐ ja Wann? ______________
☐ nein

Leidet ihr Kind an Krankheiten, die spezielle Unternehmungen verbieten?

☐ ja Welche? ______________________

An welchen Unternehmungen darf es aufgrund dessen nicht teilnehmen?

____

☐ nein

Muss ihr Kind regelmäßig Medikamente einnehmen? Wenn ja, welche und wann?

☐ ja Welche? ______________________

Wann? ______________________

☐ nein

Bei welchem Elternteil und in welcher Versicherung ist Ihr Kind krankenversichert?

Name Elternteil: ______________________

Name der Versicherung: ______________________

Bitte geben sie Name, Adresse und Telefonnummer Ihres Hausarztes an.

____

Ergänzende Informationen

____

Mit der Unterschrift wird das Einverständnis gegeben, dass ein Elternteil bzw. ein Angehöriger das Kind im Fall einer Erkrankung abholt oder eine Begleitperson das Kind mit dem PKW heimbringt.

______________________ ______________________

Ort, Datum Unterschrift eines Erziehungsberechtigten

Gepäckliste für die Eltern

Liebe Eltern der Klasse ________ ,

hier kommen die wichtigsten Informationen für die bevorstehende Klassenfahrt Ihres Kindes:

Abfahrt ist am ____________________ um __________ Uhr an der Schule.

Die Rückkehr wird am ____________________ gegen __________ Uhr sein.

Die Kosten für Verpflegung, Übernachtung, Transport und Ausflüge betragen ________________ .

Bitte überweisen Sie den Betrag bis zum ______________________ auf folgendes Konto:

Kontoinhaber: ________________________________ Kontonummer: ____________________________

Kreditinstitut: ________________________________ Bankleitzahl: ______________________________

Bitte geben Sie Ihrem Kind die beigefügte Einverständniserklärung, den Bogen „Personalien des Kindes" sowie alle weiteren Erklärungen ausgefüllt bis zum ____________________ mit in die Schule.

Gepäckliste

☐ Taschengeld (max. ___________ €, wie abgesprochen)
☐ Schlafanzug/Nachthemd
☐ Waschzeug (mit Zahnputzbecher)
☐ Bequeme Kleidung für warmes und kaltes Wetter
☐ Unterwäsche
☐ Bettwäsche
☐ Hausschuhe
☐ Paar feste Schuhe
☐ Regenkleidung und evtl. Gummistiefel
☐ Trinkflasche oder -becher mit Namensschild
☐ Gesellschaftsspiel
☐ Mäppchen mit Schere und Klebstoff
☐ Schreibblock
☐ Taschenlampe
☐ Bücher (speziell zum Thema ____________________________________)
☐ Kuscheltier
☐ ggf. Medikamente
☐ Impfpass

Geben Sie Ihrem Kind wie vereinbart keine elektronischen Spielzeuge und keine Musik-Abspielgeräte mit. Den Kindern bedeutsame oder wertvolle Dinge sollten zu Hause bleiben! Bitte geben Sie Ihrem Kind auch kein Mobiltelefon mit. Rufen Sie es wie abgesprochen auch nicht in der Jugendherberge an. Erfahrungsgemäß kommt es dann schnell zu Heimweh. Im Notfall können Sie mich in der Jugendherberge erreichen:

Name: ______________________________________ Telefonnummer: _________________________

Adresse: ____

Viele Grüße

(Klassenlehrer/in)

Klassenübersicht

Klasse: __________ Übersicht für die Klassenfahrt vom ____________ nach ______________________________

Name	Liegen alle Einverständniserklärungen unterschrieben vor?	Medikamente?	Schwimmfähigkeit?	Schwimmen, Tauchen, Springen?	Impfpass?	Besonderheiten?

Kostenvoranschlag Jugendherberge

(Name der Schule)

Klasse ______ (Name Klassenlehrer/in)

(Anschrift der Schule) Tel.: ______________________

Fax: ______________________

(Anschrift der JHB)

____

______________________ (Ort), den (Datum)

Kostenvoranschlag für eine Klassenfahrt

Sehr geehrte Herbergsleitung,

für unsere Klassenfahrt vom __________ bis __________ sind wir auf der Suche nach einer geeigneten Jugendherberge. Wir möchten daher anfragen, ob in dem angegebenen Zeitraum in Ihrer Herberge noch Plätze frei sind.

Wir würden voraussichtlich mit __________ Personen anreisen.

Davon sind ______ Mädchen, ______ Jungen, ______ weibliche Betreuer, ______ männliche Betreuer.

Wir bitten außer der Bestätigung des Termins um Informationen zu Kosten für Unterkunft und Verpflegung, sowie zu möglichen Zusatzkosten.
Bitte beantworten Sie uns auch folgende Fragen:

- Sind Trinkmöglichkeiten außerhalb der Essenszeiten gegeben?
- Kann Bettwäsche dazugebucht werden? Wenn ja, zu welchem Aufpreis?
- Können Essensbesonderheiten erfüllt werden? (Bei Vegetariern, Moslems, Allergikern etc.)
- Ist ein Gruppenraum buchbar? Wenn ja, zu welchem Preis?
- Ist es möglich, bei Ausflügen Lunchpakete von der Herbergsküche zu erhalten?
- Gibt es auf dem Gelände Grill- oder Lagerfeuermöglichkeiten?
- Können wir einen Hausplan bzw. Belegungsplan der reservierten Zimmer zur vorherigen Einteilung bekommen? Bitte schicken Sie uns vorab auch Ihre Hausordnung und weitere Informationsbroschüren.
- Fährt in der Nähe Ihrer Herberge ein Linienbus? Wenn dies der Fall ist, schicken Sie mir bitte einen Fahrplan mit oder nennen Sie mir die Bezugsadresse dafür.

Mit freundlichen Grüßen

(Klassenlehrer/in)

Kostenvoranschlag Bus

(Name der Schule) ________________________________

Klasse ______ (Name Klassenlehrer/in) ________________________

(Anschrift der Schule) ________________________ Tel.: ________________________

________________________________ Fax: ________________________

(Anschrift Transportunternehmen) ________________________

____

________________________________ (Ort) __________, den (Datum) __________

Kostenvoranschlag für eine Klassenfahrt

Sehr geehrte Damen und Herren,

für unsere Klassenfahrt vom __________ bis __________

nach ______________________________ benötigen wir für Hin- und Rückfahrt einen Bus

für ______ Kinder und ______ Betreuer.

Die Hinfahrt soll am ________________ um ________ Uhr und

die Rückfahrt am ________________ gegen ________ Uhr sein.

Wir bitten um einen Kostenvoranschlag für diese beiden Fahrten.

Mit freundlichen Grüßen

(Klassenlehrer/in)

Buchung der Jugendherberge

(Name der Schule)
____

Klasse ______ (Name Klassenlehrer/in) ______________________

(Anschrift der Schule) ______________________________ Tel.: ______________________

______________________________ Fax: ______________________

(Anschrift der JHB)
____

____

______________________________ (Ort) ____________, den (Datum) ____________

Verbindliche Buchung für eine Klassenfahrt

Sehr geehrte Herbergsleitung,

hiermit bestätigen wir die verbindliche Buchung der Klassenfahrt vom __________ bis __________

zum Gesamtpreis von ____________ € (s. Ihr Kostenvoranschlag).

Wir werden mit __________ Personen am Aufenthalt teilnehmen.

Davon sind ______ Mädchen, ______ Jungen, ______ weibliche Betreuer, ______ männliche Betreuer.

Unsere Ankunft an der Jugendherberge wird am __________ gegen __________ Uhr sein.

Bitte beachten Sie unsere zusätzlichen Buchungswünsche:

- z. B. Bettwäsche
- z. B. Essensbesonderheiten
- z. B. Gruppenraum

(Bitte schicken Sie uns bis spätestens 14 Tage vor Beginn der Klassenfahrt einen Haus- und Zimmerplan der von uns gebuchten Räume zu.)

Mit freundlichen Grüßen

(Klassenlehrer/in)

Buchung Bus

(Name der Schule)
____

Klasse ______ (Name Klassenlehrer/in)
____

(Anschrift der Schule)
____ Tel.: ______________________________

____ Fax: ______________________________

(Anschrift Transportunternehmen)
____

____

____ (Ort) __________, den (Datum) __________

Verbindliche Buchung für eine Klassenfahrt

Sehr geehrte Damen und Herren,

hiermit bestätigen wir die verbindliche Buchung des Busses mit ______________ Sitzplätzen zum Gesamtpreis von ____________ € (s. Ihr Kostenvoranschlag).

Ein Fahrer Ihres Unternehmens wird uns am __________ um __________ Uhr an der Schule (Anschrift s. o.) abholen und zur Jugendherberge ______________________ (Anschrift s. u.) bringen. Am __________ werden wir an der Jugendherberge um __________ Uhr von einem Fahrer Ihres Unternehmens wieder abgeholt und zur Schule gefahren.

Anschrift der Jugendherberge:

____

____

Mit freundlichen Grüßen

(Klassenlehrer/in)

Bettelbrief

(Name der Schule) ______________________________

Klasse ______ (Name Klassenlehrer/in) ______________________________

(Anschrift der Schule) ______________________________ Tel.: ______________________________

______________________________ Fax: ______________________________

(Anschrift Firma o. Ä.) ______________________________

____

______________________________ (Ort) ______________, den (Datum) ______________

Liebe/r ______________________________ ,

hiermit wenden wir uns mit der Bitte um eine finanzielle Unterstützung an Sie.
Da inzwischen die Kosten für Klassenfahrten (Verpflegung, Anreise und Unterbringung) zunehmen, können gerade kinderreiche und sozial schwache Familien ihren Kindern die Teilnahme an Klassenfahrten nicht mehr ermöglichen.

Um allen Kindern der Klasse ______ der (Name der Schule) ______________________________

dieses schöne Erlebnis zu ermöglichen, bitten wir Sie um eine Spende für unsere Klassenfahrt

vom ____________ nach ______________________________ .

Folgende Programmpunkte haben wir geplant

-
-
-
-
-

Die Kinder werden Dank Ihrer Unterstützung wertvolle Erfahrungen machen können!

Mit freundlichen Grüßen

(Klassenlehrer/in)

Programmplaner

Klasse: __________ Klassenfahrt vom ____________ bis ____________ nach ______________________________

Tag ____________ Programm: ____

Was?	Wann? Von ... bis ...	Wo?	Wie kommen wir dorthin?	Material	Sonstiges	Feedback

Programmplaner – Beispiel

Klasse: 4b Klassenfahrt vom 8.4. bis 11.4.07 nach Fulda

Tag 2 Programm: Kinderakademie mit Führung, Minigolf

Was?	Wann? Von ... bis ...	Wo?	Wie kommen wir dorthin?	Material	Sonstiges	Feedback
Frühstück	8:00–8:45 Uhr	Essensraum Jugendherberge	/	/	/	/
Ausflug: Kinderakademie	Abfahrt: 9:00 Uhr; Führung begehbares Herz: 10:00–11:30 Uhr; Rückfahrt: 13:00 Uhr	Mehlerstraße 4, 36043 Fulda	Linienbus 5, Haltestellen „Jugendherberge" – „Kinderakademie", Hinfahrt Bus 9:07 Uhr; Rückfahrt 13:03 Uhr	/	Reservierungsbescheinigung, Eintrittsgeld (140 Euro, 2 Personen frei)	☺ Führung sehr gut, Kinder haben gut mitgearbeitet/waren sehr interessiert
Mittagessen mit anschließender Mittagspause	13:30–14:15 Uhr Essen; 14:15–15:00 Uhr Mittagspause	Essensraum Jugendherberge, Zimmer	/	/ Spiele, Bücher	/	☺ heute haben die Kinder die Pause wirklich zum Ausruhen genutzt
Minigolf im Schlosspark	Aufbruch: 15:15 Uhr; Minigolf: 15:30–17:00 Uhr	Schlosspark Fulda	Zu Fuß, s. Stadtplan	/	Eintrittsgeld (60 Euro)	☺/😐 Leider waren einige Stationen nicht bespielbar

Vertrag

der Klasse __________ über die Klassenfahrtsregeln

für die Klassenfahrt vom ____________ nach __________________________

Wir halten uns alle an die besprochenen Regeln, damit unsere Klassenfahrt für uns alle ein schönes Erlebnis wird!

Unterschriften:

Das sind unsere Regeln:

Wir beachten die Hausregeln!
Wir sind höflich und freundlich zu den Klassenkameraden und zu anderen im Haus!
Wir halten uns an die Nachtruhe und bleiben dann in unserem Zimmer!
Wenn wir in der freien Zeit auf dem Jugendherbergsgelände spielen wollen, fragen wir um Erlaubnis!
Wer müde ist und schlafen will, soll schlafen können!
Wir achten auf unsere Sachen!
Wir räumen auf!
Wir gehen sorgsam mit dem Mobiliar um!
Wir sorgen für eine gute Atmosphäre!
Wir probieren alle angebotenen Sachen aus!
Wir essen so, dass es allen am Tisch schmeckt!
Wir teilen Essen für alle auf!
Wir helfen beim Tisch decken, säubern und abräumen!
Wir gehen nur auf Fußgängerwegen!
Alle gehen zusammen und warten aufeinander, keiner entfernt sich unerlaubt von der Gruppe!

Nachbereitungsbogen für die Kinder

Wie fandest du die Klassenfahrt insgesamt? ☺ 😐 ☹

Wie fandest du ...?

die Jugendherberge	dein Zimmer	das Essen
☺ 😐 ☹	☺ 😐 ☹	☺ 😐 ☹
Ausflug 1	Ausflug 2	das Abendprogramm
____________________	____________________	
☺ 😐 ☹	☺ 😐 ☹	☺ 😐 ☹
die freie Zeit	das Thema	die Stimmung auf der Klassenfahrt
☺ 😐 ☹	☺ 😐 ☹	☺ 😐 ☹

Was war das Beste?

____

____

Was hätte besser sein können?

____

____

Hat dir etwas gar nicht gefallen? Was?

____

____

Abrechnungsformular

	Einzelpreis	Personen	Gesamtpreis
Unterbringung			
Verpflegung			
Bettwäsche			
An-/Abreise			
Ausflugsziel 1: ______________ Eintritt Fahrtkosten			
Ausflugsziel 2: ______________ Eintritt Fahrtkosten			
Ausflugsziel 3: ______________ Eintritt Fahrtkosten			
Material			
Sonstige Ausgaben			
Gesamt pro Person:			**Gesamt:**

Entscheidung über das Transportmittel

	Pro	**Contra**
Reisebus	- Zeiten u. Abfahrtsorte sind selbst wählbar - Individuelle Pausen und Stopps möglich - Klasse ist allein im Bus, es können Klassenlieder und Reisespiele gespielt werden - Bus fährt direkt zur Jugendherberge und holt dort wieder ab - Busfahrer lädt Gepäck ein und aus	- Bei kleinen Gruppen und langen Reisen meist pauschaler Kilometerpreis: bei Umlegung sehr teuer
Linienbus	- Meist kostengünstig, ggf. haben Kinder sogar eine Monatskarte - Bei kurzen Strecken, kurzen Reisen, günstiger Haltestelle und wenig Gepäck empfehlenswert	- Weg zur Haltestelle mit Gepäck - Keine Sitzplatzgarantie - Gefahr, dass ein Kind die Aussteigehaltestelle verpasst (am besten Busfahrer Bescheid geben)
Bahn	- Günstige Sondertarife für Gruppen möglich - Transfer von Fahrrädern möglich - Frühzeitige Buchung nötig	- Kinder müssen Gepäck selbst in den/aus dem Zug befördern können - Transport der Kinder vom Zielbahnhof bis zur Jugendherberge muss zusätzlich organisiert werden - Gefahr, dass ein Kind die Aussteigehaltestelle verpasst (am besten Schaffner Bescheid geben)
Fahrrad	- Kostengünstigstes Verkehrsmittel - Eigener Fahrspaß - „Abenteuer" u. Bewegung für alle Schüler - Flexibel am Klassenfahrtsort: Alle Ausflugsziele können mit Fahrrad angefahren werden ***Achtung!*** - Nur mit einer Klasse durchzuführen, in der alle sicher Fahrrad fahren können und die Verkehrsregeln kennen („Fahrradführerschein") - Klassenlehrer muss sich darauf verlassen können, dass sich alle Schüler an abgesprochene Regeln sowie die Verkehrsregeln halten - Alle Fahrräder müssen verkehrssicher sein (Informationen hierzu gibt es bei der Deutschen Verkehrswacht e.V., beim ADFC (Allgemeiner Deutscher Fahrradclub) sowie bei den regionalen Verkehrsgärten der Polizei - Alle Kinder müssen einen Helm tragen	- Es kann nur wenig Gepäck (Rucksack, Satteltasche) mitgenommen werden; weiterer Gepäcktransport muss zusätzlich organisiert werden (über z. B. die Eltern) - Wetterabhängig

Checkliste

Zur Vorbereitung

☐ Terminabsprache mit Kollegen und Schulleitung
☐ Informationsmaterial, -broschüren etc. sammeln und ggf. mit der Klasse zusammen sichten
☐ Sich für ein Thema/Ziel und Programmpunkte entscheiden, ggf. mit der Klasse absprechen
☐ Kostenvoranschläge für Unterkunft und Transport sowie Eintrittsgelder einholen (s. auch S. 78 f./◎)
☐ „Rohplanung" der Klassenfahrt (An-, Abfahrt, Programm, Kosten)
☐ Planung eines Elternabends (s. S. 8 f., 72/◎)
  ☐ Vorstellen des Programms der Klassenfahrt
  ☐ Überblick über die Kosten
  ☐ Weitere Absprachen (Taschengeld, Gameboy etc., Regeln, Einverständniserklärungen)
  ☐ Abstimmung
☐ Genehmigung der Schulleitung einholen (min. 4 Wochen vor Fahrtbeginn) (s. S. 70 f./◎)
☐ Personalbogen und Einverständniserklärungen an die Eltern ausgeben (s. S. 72 f./◎)
☐ Unterlagen (s. o.) wieder einsammeln (s. S. 77/◎)
☐ Konkrete Programmplanung (Buchung von Führungen (z. B. im Museum) etc.)
☐ Buchung der Unterkunft (s. S. 80/◎)
☐ Buchung eines Transportmittels (s. S. 81/◎)
☐ Vorbesprechung mit den Kindern:
  ☐ Regeln und Vertrag zu den Regeln (s. S. 85/◎)
  ☐ Zimmereinteilung
  ☐ Taschengeld
  ☐ Elektronische Geräte (Gameboy etc.)
  ☐ Gepäckliste durchsprechen
☐ Gepäckliste und Brief mit letzten Informationen an die Eltern ausgeben (siehe S. 76/◎)

Bei der Abfahrt

☐ Medikamente der Schüler einsammeln
☐ Impfpässe einsammeln
☐ Wertgegenstände, Taschenmesser, ggf. Taschengeld der Kinder einsammeln

Während der Fahrt und Nachbereitung

☐ Feedback-Bogen mit Kindern ausfüllen (s. S. 86/◎)
☐ Klassenfahrt bildlich festhalten, ggf. Tagebuch schreiben
☐ Feedback-Bogen der Kinder auswerten
☐ Material der Klassenfahrt mit Kommentar/eigenes Feedback abheften
☐ Kollegium und Eltern berichten und Fotos zeigen
☐ Abrechnungsformular ausfüllen (s. S. 87/◎)
☐ Rechnungen begleichen
☐ „Nachwirken" der Fahrt in der Klasse durch das Klassenfahrtslied, Berichte und Klassenfahrtspiele
☐ Ggf. Plakatwand o. Ä. gestalten
☐ Fotonachbestellung organisieren

Allgemeine Gepäckliste für Klassenlehrer und Begleitperson

(Kleidung, Waschzeug etc. wird nicht extra aufgezählt)

☐ Eintrittsgeld im Extra-Geldbeutel
☐ Ggf. Klassenkasse
☐ Personalbögen und Einverständniserklärungen
☐ Telefonliste der Klasse und Notfallnummern
☐ Tüte für die Medikamente der Kinder
☐ Informationen zur Jugendherberge und Umgebung
☐ Bestätigungen der Reservierungen (Programm, Unterkunft)
☐ Adressen der Programmpunkte
☐ Landkarte/Stadtplan
☐ Regenschirm
☐ Handy
☐ Heimwehteddy
☐ Erste-Hilfe-Tasche
☐ Wecker/Armbanduhr
☐ Taschenlampe
☐ Plastiktüten
☐ Spiel- und Bastelmaterial
☐ Vorlesebücher
☐ CD-Player, CDs
☐ Spielekiste für draußen (Bälle, Springseile, Straßenkreide etc.)
☐ Gesellschaftsspiele
☐ Ggf. Gitarre oder anderes Instrument
☐ Liederbuch
☐ Fotoapparat

Gepäckliste für spezielle Programmpunkte (Urkunden, Spielgeräte ...) / Utensilien für thematische Fahrten

☐
☐
☐
☐
☐
☐
☐
☐
☐
☐
☐
☐